"中国企业社会责任报告编写指南(CASS-CSR3.0)"
系列丛书的出版得到了下列单位的大力支持：

（排名不分先后）

中国南方电网

中国华电集团公司

华润（集团）有限公司

三星（中国）投资有限公司

《中国企业社会责任报告编写指南3.0之房地产行业》的
出版得到了下列单位的大力支持：

（排名不分先后）

中国海外发展有限公司

华润置地有限公司

中国企业社会责任报告编写指南3.0
之 房地产行业

中国社会科学院经济学部企业社会责任研究中心
中国海外发展有限公司
华润置地有限公司

钟宏武／顾问

王 宁 党 思 赵思琪 周 涛 程向雷／等著

授权应用推广：中星责任云

社会责任报告
全生命周期管理指南

经济管理出版社
ECONOMY & MANAGEMENT PUBLISHING HOUSE

图书在版编目（CIP）数据

中国企业社会责任报告编写指南 3.0 之房地产行业/王宁等著. —北京：经济管理出版社，
2016.1
ISBN 978-7-5096-4150-7

Ⅰ.①中… Ⅱ.①王… Ⅲ.①企业责任—社会责任—研究报告—写作—中国 ②房地产业—企
业管理—社会责任—研究报告—写作—中国 Ⅳ.①F279.2 ②H152.3

中国版本图书馆 CIP 数据核字（2015）第 304001 号

组稿编辑：陈　力
责任编辑：杨国强　张瑞军
责任印制：黄章平
责任校对：张　青

出版发行：经济管理出版社
　　　　　（北京市海淀区北蜂窝 8 号中雅大厦 A 座 11 层　　100038）
网　　　址：www. E-mp. com. cn
电　　　话：(010) 51915602
印　　　刷：三河市延风印装有限公司
经　　　销：新华书店
开　　　本：720mm×1000mm/16
印　　　张：12.5
字　　　数：233 千字
版　　　次：2016 年 2 月第 1 版　　2016 年 2 月第 1 次印刷
书　　　号：ISBN 978-7-5096-4150-7
定　　　价：68.00 元

《中国企业社会责任报告编写指南 3.0 之房地产行业》专家组成员

（按姓氏拼音排序）

程向雷　华润置地有限公司人事行政部企业传讯副总监

党　思　中国社会科学院经济学部企业社会责任研究中心助理研究员

董大平　中国海外发展有限公司副总裁

高　浩　中国海外发展有限公司企业传讯部业务经理

刘为民　中国海外集团有限公司董事、助理总经理、总经办总经理

南　江　中国海外集团有限公司总经办助理总经理

孙永强　华润置地有限公司副总裁

王　贺　华润置地有限公司人事行政部副总经理

王　宁　中国社会科学院经济学部企业社会责任研究中心研究员

吴　扬　中国建筑股份有限公司企业文化部高级经理

杨海松　中国海外集团有限公司董事、企业传讯部总经理

张　蒽　中国社会科学院经济学部企业社会责任研究中心常务副主任

赵思琪　中国社会科学院经济学部企业社会责任研究中心助理研究员

钟宏武　中国社会科学院经济学部企业社会责任研究中心主任

周　涛　中国海外发展有限公司企业传讯部副总经理

朱虹波　华润（集团）有限公司董事会办公室助理总监

开启报告价值管理新纪元

透明时代的到来要求企业履行社会责任，及时准确地向利益相关方披露履行社会责任的信息。目前，发布社会责任报告已日益成为越来越多的企业深化履行社会责任、积极与利益相关方沟通的载体和渠道，这对于企业充分阐释社会责任理念，展现社会责任形象，体现社会责任价值具有重要的意义。作为中国第一本社会责任报告编写指南，指南的发展见证了我国企业社会责任从"懵懂蹒跚"到"战略思考"的发展历程。2009 年 12 月，中国社会科学院经济学部企业社会责任研究中心发布了《中国企业社会责任报告编写指南（CASS-CSR1.0）》（简称《指南 1.0》），当时很多企业对"什么是社会责任"、"什么是社会责任报告"、"社会责任报告应该包括哪些内容"还存在争议。所以《指南 1.0》和 2011 年 3 月发布的《中国企业社会责任报告编写指南（CASS-CSR2.0）》（简称《指南 2.0》）定位于"报告内容"，希望通过指南告诉使用者如何编写社会责任报告、社会责任报告应该披露哪些指标。指南的发布获得了企业的广泛认可和应用，2013 年，参考指南编写社会责任报告的企业数量上升到了 195 家。

5 年过去了，我国企业社会责任报告领域发生了深刻变革，企业社会责任报告的数量从 2006 年的 32 份发展到了 2013 年的 1231 份；报告编写质量明显提升，很多报告已经达到国际先进水平。同时，企业在对社会责任的内涵及社会责任报告的内容基本达成共识的基础上，开始思考如何发挥社会责任报告的综合价值，如何将社会责任工作向纵深推进。

为适应新时期新形势要求，进一步增强指南的国际性、行业性和工具性，中国社会科学院经济学部企业社会责任研究中心于 2012 年 3 月启动了《中国企业社会责任报告编写指南（CASS-CSR3.0)》（简称《指南 3.0》）修编工作，在充分调研使用者意见和建议的基础上，对《指南 3.0》进行了较大程度的创新。总体而言，与国内外其他社会责任倡议相比，《指南 3.0》具有以下特点：

（1）首次提出社会责任报告"全生命周期管理"的概念。企业社会责任报告既是企业管理的工具，也是与外部利益相关方沟通的有效工具。《指南 3.0》定位于通过对社会责任报告进行全生命周期的管理，充分发挥报告在加强利益相关方沟通、提升企业社会责任管理水平的作用，可以最大程度发挥报告的综合价值。

（2）编制过程更加科学。只有行业协会、企业积极参与到《指南 3.0》的编写中，才能使《指南 3.0》更好地反映中国企业社会责任实际情况。在《指南 3.0》的修编过程中，为提升分行业指南的科学性和适用性，编委会采取"逐行业编制、逐行业发布"的模式，与行业代表性企业、行业协会进行合作，共同编制、发布行业的编写指南，确保《指南 3.0》的科学性和实用性。

（3）适用对象更加广泛。目前，我国更多的中小企业越来越重视社会责任工作，如何引导中小企业社会责任发展也是指南修编的重要使命。《指南 3.0》对报告指标体系进行整理，同时为中小企业使用指南提供了更多的指导和工具。

（4）指标体系实质性更加突出。《指南 3.0》在编写过程中对指标体系进行了大幅整理，在指标体系中更加注重企业的法律责任和本质责任，将更多的指标转变为扩展指标，更加注重指标的"实质性"。

《中国企业社会责任报告编写指南（CASS-CSR3.0)》是我国企业社会责任发展的又一重大事件，相信它的推出，必将有助于提高我国企业社会责任信息披露的质量，有助于发挥社会责任报告的综合价值，必将开启社会责任报告价值管理新纪元！

2014 年 1 月

目 录

总 论 篇

指 标 篇

管　理　篇

实 践 篇

总 论 篇

第一章 房地产业社会责任

房地产业指从事房地产开发、经营、管理和服务的产业。其中，房地产开发包括土地开发和房屋开发，土地开发和房屋开发一体化，通常称为房地产综合开发；房地产经营广义上包括从房地产开发开始一直到消费为止的整个过程，狭义上则指房地产交易，包括房地产出售和租赁等形式；房地产管理包括房地产产业管理和产权产籍管理；房地产服务包括的内容十分广泛，如房地产估价、信息咨询、经纪公司、经纪人等中介机构和中介人提供的中介服务以及房地产出售或者租赁后的维修保养、清洁绿化、治安保卫和商业服务等。

一、房地产业在国民经济中的地位

房地产业涉及范围广泛，全产业链横跨生产、流通、消费三大领域，对与其相关行业的发展具有较强带动性，在增加财政收入，创造就业机会，改善居住条件，提高居民居住条件，促进经济发展等诸多方面有着十分重要的作用，在国民经济中的地位尤为突出。可以说，房地产业既是国民经济的基础性和先导性产业，也是支柱性产业。

（一）房地产业是国民经济的基础性产业

房地产业是全社会劳动力生存和发展的必要条件。人才是社会发展的宝贵财富，当代社会的竞争实质是劳动力素质，社会应为劳动力提供一定水平的生活资料以保障人才的需求得到满足，住房则是劳动力生存和发展最为基础的生活必需消费品。房地产行业所能提供的住宅以及住宅配套的基础服务设施满足了大量劳动力的住房要求，具有稳定社会的作用。随着经济社会的不断发展，劳动力住房的水平日益提升，房地产业可以改善居住环境，提高劳动力的居住条件。据相关数据显示，近年来，我国城市人均住房建筑面积每年增加约 1 平方米，更好地满足了劳动力生存与发展的需求。

房地产业为各行各业提供最基本的物质基础，农业、工业、商业、服务业、金融业等都需要房屋以及基本的活动用地。房地产业满足社会各行各业发展所需的物质空间条件，为整个社会经济、社会活动的开展提供了基本且重要的构成要素。

（1）房地产业推动城市化进程。土地和房屋的规划、开发和建设，搭建城市框架，展现城市风貌，是城市形成发展的重中之重。城市土地和房屋不仅是经济存在和发展的空间，同时也是一个城市立体形象的物质外壳和主体，更是一个国家和城市物质文明建设和精神文明建设的反映。房地产业提供的土地和房屋与城市化发展密不可分，能够合理安排城市内部结构，打造高能化的基础设施，为城市注入高效益的经济活力，推动城市化进程。

（2）房地产业为国家创造大量财政收入。房地产业是一个高附加值产业，我国国有土地使用权的有偿出让，为城市建设提供稳定的财政来源。据调查，我国来自土地的收益比例，一般城市为财政收入的 25%，深圳、珠海等地可达 40%，被称为政府的第二财政。房地产税种征收范围广泛，对土地和房屋的保有、转让、使用、出租等全面课征，不仅调节了市场流通，而且起到了国民收入再分配的作用。

（3）房地产业有效促进我国金融业发展。房地产业与金融业的发展具有互补性，房地产业大量和持续的资金需求，能有效地扩大金融业的放贷业务，促进金融业的发展，而房地产本身的高附加值及其保值增值的特点，有利于使这个产业成为抵押贷款的可信对象。在各个商业银行中，住宅按揭贷款已经成为安全性高、放贷数量大的优良业务，对解决银行流动性过剩具有重要作用。

（4）房地产业能够很大程度地缓解就业压力，是提高我国就业水平特别是实现农村劳动力转移的重要保证。房地产及其相关行业的发展需要大量人力投入，能够为社会提供大量的就业机会，有效缓解人口多、就业难的困境。特别对于农村劳动力来说，城市化进程的推进使大量的农村剩余劳动力不得不向非农产业转移，农民的收入亟待提高，而房地产及其相关行业提供的大量就业机会中，有很大一部分是供给农村劳动力的，在我国两亿进城务工的农业人口中，有将近一半在从事房屋建设或相关的行业，房地产业有效地助力国家解决农村大量剩余劳动力的安置问题。

（二）房地产业是国民经济的先导性产业

所谓先导性产业是指在一国经济的某个阶段，能对产业结构和经济发展具有导向性和带动性作用，并具有广阔的市场前景和技术创新能力的产业。

房地产业与百姓生活息息相关，对与其相关的产业发展推动巨大，尤其在民生发展中对相关行业具有一定的导向性和带动性，可作为民生发展的牵头行业。就目前的发展来看，房地产业与教育、医疗、交通等大量服务行业交叉发展，相互促进，呈蒸蒸日上的趋势。百姓的民生需求日益增长，上学、看病、出行、购物以及休闲娱乐等民生需求都依托房地产业进行配套建设。可以说，房地产业的发展在一定程度上影响着与民生相关的服务行业的走向。

除服务行业外，环保也是涉及民生问题的重中之重，房地产业积极响应国家提出的绿色建筑、低碳社区等政策，在行业发展过程中更加重视对环境的保护，因此对环保材料、再生材料、绿色家居、节能家电等需求量增加。巨大的需求缺口对冶金、建材、家居、家电等房地产的周边产业有着积极的导向性和带动性，引导相关产业加快研发水平，助推相关产业增加环保产品市场投放量，促进我国生态文明建设。

目前，我国正处于工业化、城市化的加速发展时期，人们对居住条件的要求越来越高，居住消费的支出有明显大幅度的提高，居住消费的范围也从单一的住宅实物消费扩大到包括物业管理服务、中介服务、电子购物等连带消费领域。房地产业对相关行业所产生的关联度比其他行业更强，它所带动的上下游相关产业不仅链条长、范围广，而且能够带动其行业质量的提高和产业的增长。

（三）房地产业是国民经济的支柱性产业

所谓支柱性产业，是指在国民经济中具有骨干性、支撑性作用的产业。房地产业关联产业多，吸收劳动力数量大，百姓购买愿望强，已成为支撑国民经济持续、健康、稳定发展的必要保证。早在 2003 年，国务院发布的《国务院关于促进房地产市场持续健康发展的通知》中就指出，房地产业关联度高，带动力强，已经成为国民经济的一个支柱产业，这是我国首次将房地产业确定为国民经济的支柱产业。

房地产业在我国国民经济发展中有着举足轻重的地位，一般来说，行业增加值在国内生产总值（GDP）中占 5%以上的即为国民经济的支柱产业，而按照国际通行的统计方法，2005 年我国房地产业增加值占 GDP 的比例已达到 10%左右，可见该行业对我国国民经济的贡献突出。据相关数据表明，每 100 亿元的房地产投资可以诱发国民经济各部门的产出 286 亿元，其中诱发建筑业产出 90.76 亿元，充分说明房地产业已经成为国民经济的一个支柱产业。

二、房地产业履行社会责任的意义

（一）宏观层面——房地产业承担社会责任，助推社会发展

中共十八届三中全会做出了全面深化改革的重大战略部署，其中对国有企业、混合所有制企业和民营企业提出了承担社会责任的共同要求。2014 年 10 月，中共十八届四中全会通过了《中共中央关于全面推进依法治国若干重大问题的决定》，要求加强企业社会责任立法。可见，企业履行社会责任已经上升到国家战略层面，是适应国内外经济社会发展趋势的必然要求，也是促进社会可持续发展的重要途径。

作为我国的基础性、先导性和支柱性产业，房地产业必须积极响应国家政策要求，将履行社会责任提高到企业发展战略的重要高度。承担经济责任，利用行业本身高附加值和保值增值的特点，为国家创造更高的财政收入，有效促进金融行业发展，拉动国民经济增长。履行社会责任，增强企业公民意识，发挥自身主业优势，投身社会公益，促进社会和谐稳定。践行环境责任，增强环保技术研发力量，坚持建设绿色低碳建筑，发展循环经济，开展节能、减排、降碳行动，为我国生态文明建设、积极应对气候变化贡献力量。

房地产业在我国国民经济中有着举足轻重的作用，不仅缓解了百姓住房紧张问题，提高我国经济发展水平，同时由于该行业与其他行业具有极高的关联度，

房地产行业的发展将带动周边产业的兴旺，极大程度地影响着各行各业的发展。房地产业必须考虑其决策和行为对社会的影响，率先履行社会责任，积极构建经济稳定、秩序井然的良好社会环境，助推社会的整体进步和可持续发展。

（二）中观层面——房地产业承担社会责任，带动行业发展

我国目前正处于从计划经济向市场经济转型的阶段，国家房价调控政策对房地产行业有极大的影响。政府成为房地产业的主要利益相关方，形成声誉共享体系。公众若对房地产行业持消极态度，势必会影响政府的声誉。此前，国家出台的房地产业"国八条"、"国十条"和广州等地区出台的以家庭为单位的房屋限购令说明了各级政府控制房价的坚定决心，同时也说明房地产业正处于非常严格的外部政策环境中。因此，为带动行业发展，营造有利的外部政策条件，房地产业应自觉履行社会责任，维护行业形象和政府的声誉，避免受到更加严厉的外部政策措施打压，争取宽松、良性的政策环境，助力行业的长远可持续发展。

我国房地产业发展至今相对来说时间较短，相应的法律法规、监督监管机制等还不健全，这使得行业出现了虚假广告宣传、房屋质量不合格、污水及建筑垃圾处理不符合规定等一系列负面事件，加之近些年越来越高的房价让大部分百姓难以承受，使行业形象收到了严重损毁，十分不利于房地产业的良性发展。房地产行业的发展亟待扭转公众对行业形象的认知，而履行社会责任则是树立行业健康形象的良方。房地产行业必须要在追求利润最大化的同时，维护利益相关方的利益，通过积极履行社会责任，解决行业当前所面临的困境，提升行业形象，推动房地产业持续稳定的发展。

（三）微观层面——房地产业承担社会责任，促进企业发展

积极履行社会责任对企业发展非常重要，履责绩效不高可能会导致公众失去对行业的信心，进而导致企业经济效益减少。企业社会责任已经成为企业竞争优势的来源之一，是企业提升信用等级、树立公众形象的必要手段，促使潜存的购房者愿意并放心地购买企业销售的商品，使得企业获取长远的利润。房地产企业应主动积极地履行社会责任，加强企业内部责任管理，提高责任意识，将履行社会责任融入日常经营生产活动中，坚持在经济、社会、环境方面承担企业应有的责任，进一步提升企业软实力和竞争力，促进企业的可持续发展。

对于房地产企业来说，客户、员工、政府、环境等都是关键的利益相关方，企业应深入了解利益相关方的期望，并及时采取行动予以回应。企业承担客户责任，要保证房屋质量、居住安全、宣传广告内容属实、不欺瞒消费者，拓宽服务渠道、提高客户满意度等；企业承担员工责任，要确保员工基本权益得到保护，严格把控生产安全、保障员工健康与安全，助力员工职业发展等；企业对政府承担社会责任，要积极响应国家政策，带动社会就业，维护行业形象的同时保护政府声誉等；企业对环境承担社会责任，要坚持建设绿色建筑、低碳社区，完善建筑垃圾处理流程，注重建筑与周边环境和谐共生等。此外，企业作为社会的一分子，还应尽到企业公民责任，发挥自身主业优势，参与社会公益，打造良好企业形象。通过这些措施，促进企业与各利益相关方共同成长与和谐发展。

三、房地产业社会责任的特征及要求

（一）产品质量

中国消费者协会 2015 年 2 月的最新数据显示，2014 年共受理房屋及建材类投诉达到 24599 件，占比 3.97%。房屋质量为房屋类相关投诉的主要方面之一。

房地产行业产品质量的好坏直接关系到人们的健康乃至生命安全，因此产品质量是房地产行业社会责任最为核心的议题。国际通用的 ISO9000 质量管理标准，我国管理部门编制的《建设工程质量管理条例》、《建设工程质量检测管理办法》、《房屋建筑工程质量保修办法》等都对建筑质量提出了具体要求。房地产行业可从建设工程的全生命周期入手确保产品质量，从建设开工前的制度保障，施工过程中的过程管理，施工后的检查评估、创优评比到整个工程结束后的能力建设，确保每个环节的质量安全。在整个生产过程中，房地产公司不仅要保证产品满足于政府部门的各项验收指标，同时须严格遵守政府备案制度，建造住宅时每个环节的数据都需要向政府有关部门备案，以保障房屋质量安全。

（二）客户服务

客户服务也是房地产行业的核心议题之一。中国消费者协会 2015 年 2 月的最新数据显示，交易合同纠纷、房屋面积欺诈、物业服务、房产中介纠纷是房屋类相关投诉的主要方面。

客户是房地产企业最重要的利益相关方，如何统筹建设、建立让客户满意的服务体系是所有房地产企业履责的重点。客户对房地产行业的需求不仅是送货、保修等一般性服务，房地产企业应建立完善的客户管理制度以及售后服务体系，维护客户的基本权益，保护客户隐私，保证按合同规定交付房屋。服务体系中还应包括客户产品和服务知识普及以及客户投诉处理的措施及成效等，加强客户回访，开展满意度调查，倾听客户声音，及时回应客户期望。

（三）安全生产

对于房地产行业来说，建筑施工是其产业链中不可或缺的部分，虽然该部分主要由承包商承担具体工作，但房地产企业作为开发商，保障职工现场安全，确保建筑工人的根本利益也是职责所在。

国家高度重视建筑施工的安全问题，先后出台了《中华人民共和国安全生产法》、《建筑安全生产监督管理规定》以及《建筑施工企业安全生产许可证管理规定》等相关法律法规，从制度上保障安全生产。

房地产企业应建立完善的安全生产管理体系、隐患排查治理体系以及安全应急管理机制，力争将安全问题消灭在隐患期，尽可能减少安全事故的发生。安排安全员专项负责施工现场的安全工作，落实安全生产责任，发现安全隐患及时上报整改，出现安全问题立即响应处理。企业应加大安全生产投入，定期开展员工安全教育与培训，提高员工安全意识，将员工伤亡人数降到最低。

（四）供应链管理

房地产行业发展至今，单独依靠任何一家地产商都不可能独立完成从设计规划、施工建设、营销宣传到运营维护的全过程。产品质量、客户服务、节能减排以及安全生产等不再是一个企业内部的问题，而是整条供应链需要共同应对的问题。房地产行业的供应链具有其行业本身的结构和特色，房地产企业作为开发商，具有资金、技术、管理等优势，应是整条供应链中的核心企业，具有带动整条供应链正常运转的作用。因此，供应链管理是房地产企业的重要责任议题，只有企业将责任延伸到全供应链的各个环节，带动供应链的周边产业发挥更大的社会价值，如行业内新技术、新产品的运用，才能够最大限度地推动整个房地产行业的社会责任工作。

房地产企业应积极识别并描述企业的价值链及责任影响，搭建战略合作平台，与供应链成员共享资源、协同发展，保护供应链成员的权益；制定责任采购的制度、方针，确保责任采购比率的提高；加强与供应链成员的责任沟通，建立有效的对等双向的沟通机制，助推供应商、承包商等供应链成员履行社会责任，促进履约更有效率、更透明，提高企业诚信度；提出促进价值供应链履行社会责任方面的倡议和政策，对成员企业进行社会责任教育、培训；完善社会责任评估和调查的程序，提高其通过质量、环境和职业健康安全管理体系认证的比率，全方位提升企业供应链管理。

（五）绿色建造

由于环境影响评价制度形同虚设、开发商和业主缺乏相应的环境保护意识等原因，房地产企业在项目开发和建设过程中会面临多种环境问题。这些问题不仅对社会和环境造成不良影响，影响人们的生产和生活，也严重影响房地产企业的可持续发展。

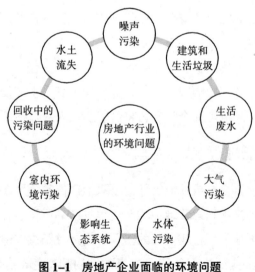

图 1-1 房地产企业面临的环境问题

房地产企业履行社会责任应重视以上环境问题，积极开展绿色建造，建立环境管理体系，开展环境影响评价，坚持节能减排工作，严格控制建设过程中废气、废水、固体废弃物等的排放；加强资源的回收和循环利用，加大绿色建材的使用比例，提高材料预制化水平，减少夜间施工、噪音扰民等问题的出现，力求做到文明施工、绿色施工，通过环保培训手段提升员工环保意识，尽可能减少业务发展带来的环境影响。

（六）绿色建筑

绿色建筑是指在全生命周期内，最大限度地节约资源（节能、节地、节水、节材）、保护环境、减少污染，为人们提供健康、适用和高效的使用空间，与自然和谐共生的建筑。绿色建筑作为房地产行业的核心产品形态之一，必将是未来建筑的发展趋势。

对于绿色建筑的评价标准国内外有很多，包括世界上最早的英国 BREEAM 体系、应用范围最广的美国 LEED 体系、较具有创新性的日本 CASBEE 体系以及《中国绿色建筑评价标准》。此外，我国管理部门还出台了《全国绿色建筑创新奖管理办法》等。

房地产企业在助推绿色建筑发展方面具有重要作用。建筑行业已成为整个社会能耗、碳排放的重要贡献者，而建设绿色建筑是降低能耗、碳排放等最有力的途径。

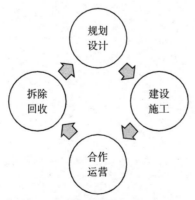

图 1-2 绿色建筑的全生命周期

每栋建筑都包括规划设计、建设施工、合作运营和拆除回收四个主要阶段。

其中，房地产企业在规划设计阶段，应注意保护建筑周围环境的生物多样性，建立对周围环境的水土保持制度并采取相应措施。在建设施工阶段，实施绿色施工，减小建筑对周围环境造成的影响，注重工程建设中生态恢复与治理，注意施工现场废气、废水以及建筑垃圾的管理及减排，坚持使用绿色建材，严格按照我国绿色建筑评价标准的要求进行施工；施工项目完成，鼓励房地产企业参与国内外评价标准认证。在合作运营阶段，积极开展绿色建筑理念的宣贯活动，加强能力建设，倡导客户选择节能电器、家具，监督物业管理公司加强对建筑的运营维护，以及对建筑相关配套设施的及时维修与保护。房地产企业也可采用自持物业的方式，加强节能改造，实现运营能耗的降低，打造智能化物业管理。在全生命周期的每一个环节，房地产企业都应做到积极应对气候变化，严格监控建筑的温室气体排放量，深入推进绿色建筑实施，尽可能降低建筑碳排放量。

第二章 房地产业社会责任报告的特征与趋势

一、国际房地产业社会责任报告的特征

企业社会责任报告是企业非财务信息披露的重要载体，它披露了企业经营活动对经济、环境和社会等领域造成的直接影响和间接影响，企业取得的成绩及不足等信息。同时，企业社会责任报告是企业与利益相关方沟通的重要桥梁。随着产品质量与安全、职业健康和节能环保等问题越来越引起社会的关注，企业经营环境的日趋复杂，传统的以股东利益最大化为目标的运营方式已经不能满足当前的市场需求。同时，从企业内部运营的需要出发，越来越多的企业注重社会责任的报告发布和责任践行。因此，国际上出台了企业社会责任报告编写指南，为企业社会责任报告的编制提供了科学规范的指导建议。

由于国外的社会责任发展较早，理念较为成熟。国际大型房地产企业早在20世纪末和21世纪初就陆续发布了年度社会责任或可持续发展报告与外界进行沟通。鉴于此，分析国外房地产业社会责任报告的特征和发展趋势，通过借鉴和学习国际房地产企业的社会责任报告和实践经验，将有助于进一步提升我国房地产业的社会责任水平。根据 RobecoSAM[①] 公司发布的年度《可持续性年鉴》对房

[①] RobecoSAM 是专注于可持续性投资的专业投资机构，每年发布《可持续性年鉴》，回顾企业上一年度的可持续性表现，并按照金、银、铜奖的等级对企业进行排名，59 个行业中表现最为出色的公司会被授予"RobecoSAM 行业领跑者"（RobecoSAM Industry Leader）称号。

地产企业的评价，选取以下在可持续发展方面具有优异表现的 5 家企业作为研究对象，并对其报告进行特征分析。

表 2-1 国际房地产业样本企业的基本信息（2015 年统计）

企业名称	总部所在地	首份报告发布年份	报告名称	报告页数
GPT 集团 （The GPT Group）	澳大利亚	2010	可持续发展报告	网页版（2014 年）
凯德集团（Capita Land）	新加坡	2009	全球可持续发展报告	80（2014 年）
大英地产（British Land）	英国	2002	企业责任报告	153（2015 年）
FDR 公司 （Foncière des Régions）	法国	2010	可持续发展报告	154（2014 年）
吉宝置业（Keppel Land）	新加坡	1997	可持续发展报告	123（2014 年）

（一）报告发布时间较早，内容更加完整，全面反映企业在责任管理、实践和绩效以及利益相关方沟通方面的表现

根据表 2-1，我们可以发现，大部分房地产企业社会责任报告历史较悠久，首份社会责任报告出现较早，如吉宝置业自 1997 年发布首份环境报告以来已经连续 18 年向社会披露信息，大英地产从 2002 年至今，坚持每年发布企业责任报告，体现了吉宝置业以及大英地产作为国际领先房地产企业与利益相关方真诚沟通的态度，为房地产业同行企业树立了良好的榜样。

在完整性方面，国际房地产企业全面反映了企业在经济、社会和环境责任方面的实践及绩效。如凯德集团在 2014 年全球可持续发展报告中全面披露公司在合规运营、环境和气候变化、员工发展和社区贡献等方面的内容。除此之外，国际房地产企业还特别注重披露自身在责任管理、核心议题分析以及利益相关方参与等方面的实践，如 FDR 公司在 2014 年可持续发展报告中披露了其可持续发展管理部门的组成和职责，以及可持续发展管理的监测和评估工作；GPT 集团在 2014 年可持续发展报告中详细披露了其核心社会责任议题的分析过程，促进利益相关方参与、沟通的方法和途径，并标明利益相关方责任的履行情况。

（二）报告编制参考国际标准，体现出用事实和数据说话的显著特点

5 家目标企业最新报告均参考了国际报告倡议组织（GRI）颁布的可持续发

展报告编写标准。其中，大英地产、凯德集团、FDR 公司还参考了 ISAE3000 等标准，如表 2-2 所示，有的企业同时参照 GRI 中有关房地产业的社会责任标准。

表 2-2　国际房地产企业报告参考标准（2015 年）

企业名称	大英地产	凯德集团	FDR 公司	吉宝置业	GPT 集团
参考标准	G4, ISAE3000	G4, ISAE3000, AS2008	G4, ISAE3000	G4	G4

国际房地产企业社会责任报告一个显著特点是披露大量的数据和事实材料。例如，吉宝置业在 2014 年的报告中仅定量指标就披露了 139 项[①]，FDR 公司对 2012~2014 年连续三年的定量指标进行披露，具有很强的可比性。其他目标企业也通过大量的事实描述对其社会责任绩效进行佐证。事实描述中往往也加入数据描述和认证资料，比如 ISO 环境质量体系认证等，从而提高说服力和可信度。值得一提的是，在数据披露中，部分企业根据该年度的绩效设定下一年的目标。

（三）聘请第三方专门机构审验报告，做书面质量保证

通过外部审查以提高报告的可信度，是多数企业采用的一种方法。通过表 2-3 可以看出，国际房地产企业都采取不同方式对报告进行了审验或评估。从这一角度看，房地产企业对社会责任报告的质量保证十分重视，报告内容披露的程度是企业关注的一个方面，企业更加关注为利益相关方提供真实有效的信息，取得利益相关方的认可。因此通过第三方的独立审验来提高报告的可信度是多数企业采取的一种行之有效的方式。

表 2-3　国际房地产企业报告的审查情况（2015 年）

企业名称	大英地产	凯德集团	FDR 公司	吉宝置业	GPT 集团
外部审查	ICAEW	Ere-S	法国认证委员会（COFRAC）	Ere-S	KPMG

（四）关注核心议题，体现可持续发展理念，内容更具战略性

如表 2-4 所示，国际房地产业社会责任报告聚焦于节能减排、气候变化、供应链管理和绿色建筑等实质性议题。

[①] 此处定量数据指标数量仅统计报告中的关键绩效数据，不包括报告正文中出现的数据。

表 2-4　国际房地产企业报告中的行业性议题披露情况（2015 年）

企业名称 核心议题	大英地产	凯德集团	FDR 公司	吉宝置业	GPT 集团
节能减排	√	√	√	√	√
气候变化	√	√	√	√	√
供应链管理	√	√	√	√	√
绿色建筑	√	√	√	√	√
水和废弃物管理	√		√	√	√
生物多样性		√	√		√
风险管理		√	√	√	

从表 2-4 中可以看出，节能减排、气候变化、供应链管理和绿色建筑是国际房地产企业普遍关注的议题；水和废弃物管理、生物多样性和风险管理也受到大多数企业的关注。总体看来，房地产企业对行业性议题的关注较为集中，具有较强的实质性。

在报告中体现可持续发展理念、具有明显的战略导向和成果导向是国际房地产企业报告的共同特点。对伦理经营以及风险管理的重视也在报告中体现出来。目标企业报告的战略性表现除了其对自身战略的描述之外，还表现在有些公司会描述该年度的成果并相应地提出下一年度的目标或者计划，如凯德集团和大英地产。

（五）报告形式多样，设计体现可读性和便捷性

在选择的 5 家国际房地产企业中，有 3 家企业发布了多语种报告、专项报告和简版报告。FDR 公司坚持使用法语和英语两种语言发布可持续发展报告；大英地产自 2002 年开始发布专项报告，包括利益相关者调查报告、生物多样性报告、社会经济贡献报告等，并且发布了全面披露绩效数据的报告和总结年度可持续发展进步的简报。

国际报告在排版上整体表现较为规范，不同内容之间有较强的区分度。色块区分是一种方式，有的报告用序列号或者字体大小、颜色等对不同级别的内容进行区分。板块内容结构有很大的相似性，如 GPT 集团的相似版块中内容一般统一分为相关政策和战略、措施、绩效指标 3 个方面，FDR 公司也采用了类似的做法。

交互式设计的目的是提高报告阅读的便捷性，如大英地产在 PDF 报告中采用了交互式设计的方式，使读者可以迅速链接到自己所关注的部分。

在图表形式方面，有的企业更多地采用表格的方式，以使报告显得更规整，有的企业采用柱状图和饼状图直观地表现数据。如凯德集团用列表展示综合绩效和实质性议题，用饼状图展示利益相关方需求和核心价值观等内容。

总体看，融入战略性思想，关注实质性议题，重视事实和数据及其真实性是国际房地产企业的一致特点。内容、设计等方面，国际房地产企业表现出自身的特点，这主要与企业的业务领域和文化有关。

二、国内房地产业社会责任报告的特征

根据《中国企业社会责任研究报告（2014）》的社会责任发展指数排名，本书选取了 8 家企业作为样本分析国内房地产业的社会责任报告特征。表 2-5 是 8 家企业的基本信息，表 2-6 是 8 家企业社会责任报告基本信息。

表 2-5　国内房地产业样本企业基本信息（2015 年统计）①

编号	公司名称	企业性质	首份报告发布年份	首份报告页码
1	华润置地有限公司（简称"华润置地"）	国有	2013	82
2	招商局地产控股股份有限公司（简称"招商地产"）	国有	2008	19
3	万科企业股份有限公司（简称"万科"）	民营	2007	16
4	远洋地产控股有限公司（简称"远洋地产"）	国有	2010	82
5	中国海外发展有限公司（简称"中海地产"）	国有	2013	80
6	中粮地产（集团）股份有限公司（简称"中粮地产"）	国有	2008	9
7	保利房地产（集团）股份有限公司（简称"保利地产"）	国有	2008	16
8	恒大地产集团有限公司（简称"恒大地产"）	民营	2010	3

① 按照《企业社会责任蓝皮书（2014）》中房地产行业社会发展指数排序。

表 2-6　国内房地产业样本企业社会责任报告基本信息（2015 年统计）①

企业名称	报告名称	参考标准	页码	报告发展历程
华润置地	《华润置地 2014 年社会责任报告》	ISO26000 GRI4 《CASS-CSR3.0》 《华润企业公民建设指引》、《华润集团社会责任管理办法》	125	2013：社会责任报告 2014：社会责任报告（中、英）
招商地产	《2014 年招商地产企业社会责任报告》	《港交所》② GRI4 ISO26000 《深交所》③	82	2008~2013：企业社会责任报告 2014：企业社会责任报告（中、英）
万科	《万科企业股份有限公司 2014 年企业社会责任报告》	联合国全球契约 UNGC 十项原则 《深交所》 GRI3.1 《可持续发展报告编写指南之建筑与房地产行业附录》 ISO26000 《CASS-CSR3.0》 AA1000 《广东省房地产企业社会责任指引》	64	2007~2008：企业社会责任绿皮书——暨企业公民报告 2008~2011：社会责任报告 2012：企业社会责任绿皮书 2013~2014：企业社会责任报告
远洋地产	《远洋地产控股有限公司 2014 年企业社会责任报告》	GRI3.1 GRI《建筑与房地产行业补充指南》（CRESS） 《CASS-CSR 3.0》	60	2010~2014：企业社会责任报告
中海地产	《中国海外发展有限公司 2014 年社会责任报告》	GRI4 《国资委》④ ISO26000	65	2012：企业社会责任报告（中、英） 2013~2014：企业社会责任报告
中粮地产	《中粮地产（集团）股份有限公司 2014 年社会责任报告》	《CASS-CSR3.0》 广东省房地产协会《广东省房地产企业社会责任指引》	38	2008~2014：社会责任报告
保利地产	《保利房地产（集团）股份有限公司 2014 年社会责任报告》	《上交所》⑤ 《CASS-CSR2.0》	74	2008：社会责任报告 2011~2014：社会责任报告
恒大地产	《恒大地产集团有限公司 2014 年企业公民报告》	无	3	2010：社会责任报告摘要 2011：社会责任报告摘要、企业公民报告 2013~2014：企业公民报告

① 截至指南出版前，目标企业发布的报告为其最新的社会责任报告。
② 香港联交所《环境、社会及管治报告指引》。
③ 深圳证券交易所《深圳证券交易所上市公司社会责任指引》。
④ 国务院国有资产监督管理委员会《关于中央企业履行社会责任的指导意见》。
⑤ 上海证券交易所《上海证券交易所上市公司环境信息披露指引》及《公司履行社会责任报告》。

通过观察国内房地产企业社会责任报告的基本情况和趋势，本书总结和分析了国内房地产企业社会责任报告的四个特征：一是报告内容日益丰富，结构日趋完整，企业间差距减小；二是报告议题基本与国际保持同步，但披露程度还有一定差距；三是报告编制科学性有待进一步完善，缺乏第三方机构审验；四是报告形式创新，在排版设计和呈现方式等方面提升了报告质量。

（一）报告内容日益丰富，结构日趋完整，企业间差距减小

国内房地产企业社会责任报告披露内容日益完整，主要体现在两个方面：一是报告页数的增多，二是报告框架的完整性增强。

从图 2-1 可以看出，国内房地产企业的第一份社会责任报告与最新一份社会责任报告对比，绝大多数企业报告页数有所增加。特别是华润置地、招商地产和万科分别从 82 页、19 页、16 页增加到 125 页、82 页、64 页，相应的内容也更加完整和丰富。

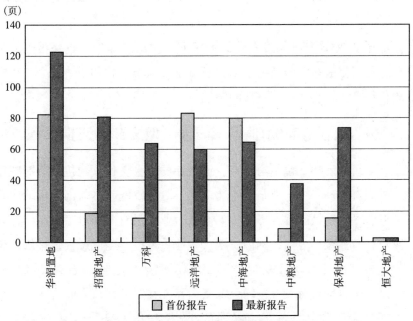

图 2-1　国内房地产企业社会责任报告页码对比

报告框架的完整性主要反映了企业履行经济、社会和环境责任的绩效，披露信息更加全面。如表 2-7 中，华润置地 2013 年发布第一份社会责任报告，报告

内容已经比较丰富，分为责任管理、为股东实现价值创造、为员工建设幸福家园、为客户提供优质产品和服务、与合作伙伴携手共赢、与社会和谐共存、缔造可持续生态环境，最新发布的 2014 年报告的框架进一步完善，包括责任专题、责任管理、公司治理、公平运营、质量保障、劳工实践、环境保护、社区参与，内容更加完整。

表 2-7 华润置地 2013~2014 年社会责任报告内容变化

年　份	2013 年	2014 年
报告内容	责任管理	责任专题
	为股东实现价值创造	责任管理
	为员工建设幸福家园	公司治理
	为客户提供优质产品和服务	公平运营
	与合作伙伴携手共赢	质量保障
	与社会和谐共存	劳工实践
	缔造可持续生态环境	环境保护
		社区参与

中粮地产从 2008 年开始发布社会责任报告，2014 年社会责任报告的主题包括责任理念、回报股东、服务客户、关爱员工、保障权益和回馈社会，完整反映了企业履行经济、社会、环境责任的绩效。

（二）报告议题基本与国际保持同步，但披露程度还有一定差距

从表 2-8 可以看出，国内房地产企业关注的社会责任议题包括节能减排、气候变化、供应链管理、绿色建筑、生物多样性等，议题基本与国际房地产企业保持同步，但有些议题披露程度不足，如 8 家企业中只有两家对生物多样性议题进行了披露。在节能减排方面，国内房地产企业重点披露生产过程碳排放、碳减排技术研发、推进市场化节能减排等，与国际房地产企业报告披露议题保持一致，如万科通过碳排放审查持续推进绿色低碳运营。在绿色建筑方面，国内房地产企业重点披露在减少环境负荷，绿色技术的开发、应用和推广方面的实践，如中海地产 2014 年社会责任报告中披露了公司在绿色建筑方面的技术应用，以及公司积极推动绿色建筑项目实践的措施。

表 2-8　国内房地产业社会责任报告聚焦的实质性议题（2014 年）

关键议题	节能减排	气候变化	供应链管理	绿色建筑	生物多样性	客户服务	风险管理	安全生产
华润置地	√	√	√			√	√	√
招商地产	√	√	√	√	√	√	√	√
万科	√	√	√	√		√		√
远洋地产	√		√			√		√
中海地产	√	√		√		√	√	√
中粮地产	√	√		√		√	√	√
保利地产	√	√		√		√	√	√
恒大地产	√	√		√				√

（三）报告编制科学性有待进一步完善，缺乏第三方机构审验

国内房地产企业社会责任报告在结构完整性上还呈现参差不齐的现象，从表 2-9 可以看出，国内房地产企业在报告说明、责任管理、履责实践以及关键绩效方面披露比例较高，100%的企业披露了履责实践的信息，88%的企业对报告信息进行了说明，88%的企业在报告中披露了责任管理相关信息，88%的企业在报告中集中披露了社会责任关键绩效；国内房地产企业社会责任报告在指标索引、报告评价方面披露比例较低，63%的企业根据参考标准披露报告的指标索引，仅38%的企业披露了报告评价信息，并邀请第三方机构对报告信息进行审验。由此可见，国内房地产企业的社会责任报告注重对自身履责实践的披露，但缺少对报告信息披露的规范性以及报告的外部评价和报告可信度的说明，因此，国内房地产业社会责任报告的编制水平还不够科学，规范性还有待进一步提升。

表 2-9　国内房地产业样本企业最新社会责任报告完整性

样本企业	报告说明	责任管理	履责实践	关键绩效	指标索引	报告评价	外部审验
华润置地	√	√	√	√	√		
招商地产	√	√	√	√	√		√
万科	√	√	√	√	√		
远洋地产	√	√	√	√	√	√	√
中海地产	√	√	√	√	√		
中粮地产	√	√	√	√			
保利地产	√	√	√				
恒大地产			√	√			

（四）报告形式创新，在排版设计和呈现方式等方面提升了报告质量

国内房地产企业越来越重视报告形式的创新。报告设计方面，8 家样本企业全部发布了报告设计版。大多数企业的社会责任报告不仅有丰富的图片与文字内容匹配，而且提供了量化数据的横向和纵向对比。如华润置地 2014 年社会责任报告封面使用水墨画风格设计，具有领先的可读性表现；招商地产将供电情况与国内主要同行企业进行指标对比，将 2010~2014 年的绿色建筑相关指标进行纵向对比，具有很强的可读性。

第三章 房地产业社会责任议题

房地产业具备自身行业特征，社会责任议题的一般指标并不能完全说明或衡量房地产业的企业社会责任绩效。因此，在社会责任议题一般指标的基础上，我们研究开发了反映行业特性的指标体系。按照社会责任议题一般框架，通用指标体系由报告前言、责任管理、市场绩效、社会绩效、环境绩效与报告后记六部分组成（见图3-1）。而房地产业社会责任指标体系在市场、社会和环境绩效方面与通用指标体系的社会责任议题有所不同。

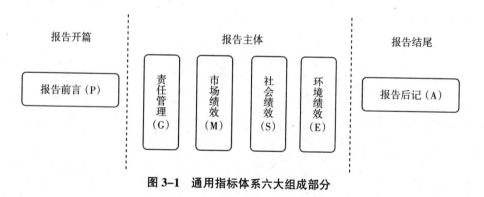

图3-1 通用指标体系六大组成部分

一、市场绩效（M系列）

表3-1 市场绩效

一般框架指标		房地产业指标	
股东责任（M1）	股东权益保护	股东责任（M1）	回报股东
	财务绩效		投资者关系管理
			财务信息

续表

一般框架指标		房地产业指标	
客户责任 （M2）	基本权益保护	客户责任 （M2）	客户关系管理
	产品质量		产品质量
	产品服务创新		增值服务
	客户满意度		用户健康与安全
			客户隐私
			客户满意度
			产品自主创新
伙伴责任 （M3）	促进产业发展	伙伴责任 （M3）	合作共赢
	价值链责任		价值链管理
	责任采购		责任采购

二、社会绩效 （S 系列）

表 3-2 社会绩效

一般框架指标		房地产业指标	
政府责任 （S1）	守法合规	政府责任 （S1）	守法合规
	政策响应		政策响应
			反贪腐
员工责任 （S2）	基本权益保护	员工责任 （S2）	基本权益保护
	薪酬福利		平等雇佣
	平等雇佣		员工多元化
	职业健康与发展		薪酬福利
	员工发展		职业健康与安全
			职业发展
	员工关爱		员工关爱
安全生产 （S3）	安全生产管理	安全生产 （S3）	安全生产管理
	安全教育与培训		安全生产教育与培训
	安全生产绩效		安全生产绩效
社区参与 （S4）	本地化运营	社区责任 （S4）	本地化运营
	公益慈善		公益慈善
			志愿者活动
	志愿者活动		关注社区发展

三、环境绩效（E 系列）

表 3-3　环境绩效

一般框架指标		房地产业指标	
绿色经营（E1）	环境管理体系	绿色经营（E1）	环境管理体系
	环保培训		环保培训
	环境信息公开		环境信息公开
	绿色办公		绿色办公
			绿色建筑
绿色工厂（E2）	能源管理	绿色工厂（E2）	能源管理
	清洁生产		节能减排
	循环经济		节约水资源
	节约水资源		应对气候变化
	减少温室气体排放		绿色制造
			绿色施工
			绿色技术创新
			污染防治
			废弃物处理
绿色产品（E3）	绿色供应链	绿色产品（E3）	
	绿色低碳产品研发		
	产品包装物回收再利用		
绿色生态（E4）	生物多样性	绿色生态（E4）	应对气候变化
	生态恢复与治理		生物多样性
	环保公益		环保公益

指标篇

第四章 报告指标详解

《中国企业社会责任报告编写指南（CASS-CSR 3.0)》中报告指标体系所包含的指标是未考虑行业特征性社会责任议题的一般指标，是分行业指标体系的基础。指标体系由六大部分构成：报告前言（P）、责任管理（G）、市场绩效（M）、社会绩效（S）、环境绩效（E）和报告后记（A），如图 4-1 所示。

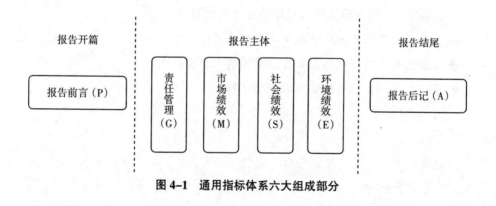

图 4-1 通用指标体系六大组成部分

一、报告前言（P 系列）

本板块依次披露报告规范、报告流程、企业高层的社会责任声明、企业简介（含公司治理概况）以及社会责任工作年度进展。

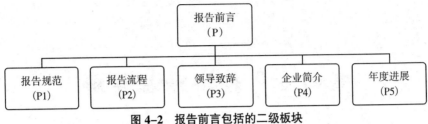

图 4-2　报告前言包括的二级板块

(一) 报告规范 (P1)

扩展指标 P1.1 报告质量保证程序

指标解读： 规范的程序是社会责任报告质量的重要保证。报告质量保证程序指企业在编写社会责任报告的过程中通过什么程序或流程确保报告披露信息正确、完整、平衡。

一般情况下，报告质量保证程序的要素主要有：

● 报告是否有第三方认证以及认证的范围；

● 在企业内部哪个机构是报告质量的最高责任机构；

● 在企业内部，报告的编写和审批流程。

> **示例：**
>
> 华润置地努力保证报告内容的完整性、实质性、真实性和平衡性。报告编写参考国际标准，按照同业对标、社会责任调研、报告写作、管理层审定、报告评级等步骤进行，确保信息质量。
>
> ——《华润置地 2014 年社会责任报告》(P4)
>
> 公司承诺本报告内容不存在任何虚假记载、误导性陈述或重大遗漏，并对其内容真实性、准确性和完整性负责。公司邀请德国 TUV NORD 提供第三方报告鉴证服务，详见 "审验声明"（第 76 页）。
>
> ——《2014 年招商地产企业社会责任报告》(P4)

核心指标 P1.2 报告信息说明

指标解读： 该指标主要包括第几份社会责任报告、报告发布周期、报告参考标准和数据说明等。

示例：

本报告为中国海外发展有限公司（简称"中国海外发展"、"本公司"或"公司"）自 2012 年起发布的第三份年度企业社会责任报告，全面及客观展现了公司在经济、社会、环境三大范畴中各利益相关方关注的重点议题、行动及相关实践成果。

报告依据

报告编制指引文件为全球报告倡议组织最新国际标准《可持续发展报告指南（G4）》、国务院国资委《关于中央企业履行社会责任的指导意见》，以及国际标准化组织《ISO26000：社会责任指南》等，并着力体现所在行业及本公司特色。

报告范围

报告的主要数据时间范围为 2014 年 1 月 1 日至 2014 年 12 月 31 日，其报告中财务数据与公司年度报告一致，其他材料来源于公司内部统计，部分资料依据实际情况做了前后延伸。

——《中国海外发展有限公司 2014 年社会责任报告》(P63)

核心指标　P1.3 报告边界

指标解读：该指标主要指报告信息和数据覆盖的范围，如是否覆盖下属企业、合资企业以及供应链。

由于各种原因（如并购、重组等），一些下属企业或合资企业在报告期内无法纳入社会责任报告的信息披露范围，企业必须说明报告的信息边界。

此外，如果企业在海外运营，须在报告中说明哪些信息涵盖了海外运营组织；如果企业报告涵盖供应链，须对供应链信息披露的原则和信息边界做出说明。

示例：

组织范围

报告覆盖华润置地及附属 9 个大区、2 个事业部，为便于表达，在报告的表述中分别使用"华润置地"、"公司"、"我们"等称谓。

——《华润置地 2014 年社会责任报告》(P3)

核心指标 P1.4 报告体系

指标解读： 该指标主要指公司的社会责任信息披露渠道和披露方式。

社会责任信息披露具有不同的形式和渠道。部分公司在发布社会责任报告的同时发布国别报告、产品报告、环境报告、公益报告等，这些报告均是企业披露社会责任信息的重要途径，企业应在社会责任报告中对这些信息披露形式和渠道进行介绍。

示例：

本报告为年度报告，提供繁体中文、简体中文及英文三个版本供读者参阅，并以电子文件方式发布。电子文件可以在公司官方网站获取，更多公司信息可登录公司品牌网站查阅。

——《中国海外发展有限公司 2014 年社会责任报告》（P63）

核心指标 P1.5 联系方式

指标解读： 该指标主要包括解答报告及其内容方面问题的联络人及其联络方式以及报告获取方式和延伸阅读。

示例：

联系方式：华润置地人事行政部

地址：香港湾仔港湾道 26 号华润大厦 46 楼

电话：（852）28772330

您可通过公司官网获取华润置地更多社会责任信息：www.crland.com.hk

——《华润置地 2014 年社会责任报告》（P4）

（二）报告流程（P2）

扩展指标 P2.1 报告编写流程

指标解读： 该指标主要指公司从组织、启动到编写、发布社会责任报告的全过程。完整、科学的报告编写流程是报告质量的保证，也有助于利益相关方更好地获取报告信息。

示例：

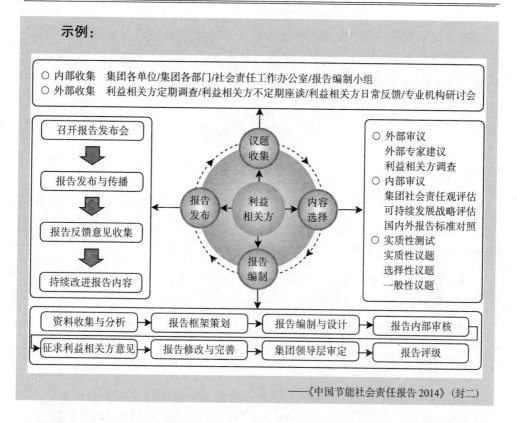

○ 内部收集 集团各单位/集团各部门/社会责任工作办公室/报告编制小组
○ 外部收集 利益相关方定期调查/利益相关方不定期座谈/利益相关方日常反馈/专业机构研讨会

召开报告发布会

报告发布与传播

报告反馈意见收集

持续改进报告内容

议题收集

利益相关方

内容选择

报告发布

报告编制

○ 外部审议
外部专家建议
利益相关方调查
○ 内部审议
集团社会责任观评估
可持续发展战略评估
国内外报告标准对照
○ 实质性测试
实质性议题
选择性议题
一般性议题

资料收集与分析 → 报告框架策划 → 报告编制与设计 → 报告内部审核

征求利益相关方意见 → 报告修改与完善 → 集团领导层审定 → 报告评级

——《中国节能社会责任报告 2014》（封二）

核心指标 P2.2 报告实质性议题选择程序

指标解读：该指标指在社会责任报告过程中筛选实质性议题的程序、方式和渠道；同时也包括实质性议题的选择标准。

企业在报告中披露实质性议题选择程序，对内可以规范报告编写过程，提升报告质量，对外可以增强报告的可信度。

示例：

中国海外发展极为重视与各利益相关方的沟通，公司从 2010 年起即参照全球报告倡议组织 Global Reporting Initiative（GRI）《可持续发展报告指南》指引文件，持续加强可持续工作的透明度。在业务推进的各个环节充分倾听政府相关部门、供应商、投资者、客户、社区及员工的建议与意见，于2014 年 11~12 月，公司委托独立的第三方专业机构组织开展了与公司内部及与外部利益相关方的沟通工作，通过在线问卷调查、焦点小组讨论、电话访谈、工作坊等形式，征集和听取了他们对于公司 2014 年度企业社会责任报告及相关工作的期望、优化建议等。并结合《可持续发展报告指南（G4）》的相关指标，评估了企业社会责任报告的关键性事项，并形成中国海外发展企业社会责任关键性议题矩阵图。

——《中国海外发展有限公司 2014 年社会责任报告》(P10)

扩展指标　P2.3 利益相关方参与报告编写过程的程序和方式

指标解读： 该指标主要描述利益相关方参与报告编写方式和程序。利益相关方参与报告编写可以增强报告的回应性，同时维持良好的多方关系。利益相关方参与报告编写的方式和程序包括但不限于：

● 利益相关方座谈会；

● 利益相关方访谈与调研；

● 利益相关方咨询等。

示例：

为了进一步了解利益相关方的期望与需求，提升报告的针对性与回应性，我们完善实质性议题筛选流程，通过对公司内部资料与外部利益相关方关注点的分析，选取议题形成议题库，开展内外部利益相关方调研，识别出关键实质性议题，通过公司管理层与外部专家审核后，在报告中进行重点披露。

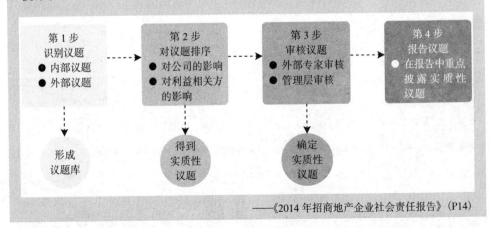

——《2014 年招商地产企业社会责任报告》(P14)

（三）领导致辞（P3）

领导致辞是企业最高领导人（团队）对企业社会责任工作的概括性阐释，领导致辞代表了企业最高领导人（团队）对社会责任的态度和重视程度，主要包括以下两个方面的内容。

核心指标 P3.1 企业履行社会责任的机遇和挑战

指标解读：该指标主要描述企业实施社会责任工作的战略考虑及企业实施社会责任为企业带来的发展机遇。

> **示例：**
>
> 通过实践，我们知道，华润置地的社会责任工作仍然"在路上"。因为企业社会责任工作需要长期坚守，不断改进：企业履行社会责任是加强与利益相关方沟通，形成相关方认同、塑造品牌形象的重要手段；也是加快转变发展方式，培育、提升企业责任竞争力的重要战略举措。
>
> ——《华润置地2014年社会责任报告》（P5）

核心指标 P3.2 企业年度社会责任工作成绩与不足的概括总结

指标解读：该指标主要指企业本年度在经济、社会和环境领域取得了哪些关键绩效，以及存在哪些不足和改进。

> **示例：**
>
> 我们通过自上而下的推动，将管理延伸至各下属基层单位。华润置地所属9个大区和2个事业部均编写了独立的社会责任报告。按照社会责任工作的核心议题和绩效指标，华润置地所有基层单位在过去一年均取得了一定成效，并且通过社会责任报告的编制发现企业管理和社会责任践行中的不足和问题，从而推动了管理改善和提升。同时，华润置地还通过媒体等多种渠道和方式将社会责任报告呈现给利益相关方，期望优化社会责任的沟通方式，通过系统、有效的沟通，努力争取广大员工和社会各界的"利益认同、情感认同和价值认同"。
>
> 目前，华润置地的社会责任工作还"在路上"，还需要继续改进和提升，

各项制度和机制还需要更加完善。如在公益慈善方面，还须更系统地组织、管理，公益投入的效果还需要继续加强。这些正是我们 2015 年度的重点工作之一。

——《华润置地 2014 年社会责任报告》（P5）

（四）企业简介（P4）

核心指标 P4.1 企业名称、所有权性质及总部所在地

示例：

中粮地产（集团）股份有限公司（简称"中粮地产"）是一家全国性、综合性的房地产开发上市企业，总部位于深圳市。公司控股股东中粮集团有限公司（简称"中粮集团"）连续多年居世界 500 强企业之列，是国务院核定的 16 家以房地产为主业的央企之一。

——《中粮地产（集团）股份有限公司 2014 年社会责任报告》（P3）

核心指标 P4.2 企业主要品牌、产品及服务

指标解读：通常情况下，企业对社会和环境的影响主要通过其向社会提供的产品和服务实现。因此，企业应在报告中披露其主要品牌、产品和服务，以便于报告使用者全面理解企业的经济、社会和环境影响。

示例：

华润置地以"质量给城市更多改变"为品牌理念，致力于达到行业内客户满意度的领先水平，致力于在产品和服务上超越客户预期，为客户带来生活方式的改变。华润置地坚持"住宅开发＋投资物业＋增值服务"的生意模式，住宅开发方面，已形成八条产品线：万象高端系列、城市高端系列、郊区高端系列、城市质量系列、城郊质量系列、城市改善系列、郊区改善系列、旅游度假系列。投资物业发展了万象城城市综合体、区域商业中心万象汇/五彩城和体验式时尚潮人生活馆 1234space 三种模式，在引领城市生活方式改变的同时，改善城市面貌，促进经济发展。

——《华润置地 2014 年社会责任报告》（P7）

核心指标 P4.3 企业运营地域，包括运营企业、附属及合营机构

指标解读： 企业运营地域、运营企业界定了其社会和环境影响的地域和组织，因此，企业在报告中应披露其运营企业，对于海外运营企业还应披露其运营地域。

> **示例：**
>
> 本公司自成立以来，一直致力于专业化与规模化发展，形成以港澳地区、长三角、珠三角、环渤海、东北、中西部为重点区域的全国性均衡布局，业务遍布港澳地区及内地近 50 个经济活跃城市，为数百万客户提供了优越的居住选择与满意的消费体验。
>
> ——《中国海外发展有限公司 2014 年社会责任报告》(P6)

核心指标 P4.4 按产业、顾客类型和地域划分的服务市场

指标解读： 企业的顾客类型、服务地域和服务市场界定了其社会和环境影响的范围，因此，企业应在报告中披露其服务对象和服务市场。

> **示例：**
>
> 公司主要业务范围包括住宅地产、工业地产和部分自持物业的经营。公司在全国已成功开发了一系列品牌知名度较高的住宅项目，各项目以高品质、高定位、高附加值赢得了客户的一致好评。目前，公司项目布局北京、上海、深圳、成都、沈阳等 10 个一、二线城市，旗下拥有多个产品线。
>
> ——《中粮地产（集团）股份有限公司 2014 年社会责任报告》(P3)

核心指标 P4.5 按雇佣合同（正式员工和非正式员工）和性别分别报告从业员工总数

指标解读： 从业人员指年末在本企业实际从事生产经营活动的全部人员，包括在岗的职工（合同制职工）、临时工及其他雇佣人员、留用人员，不包括与法人单位签订劳务外包合同的人员，同样不包括离休、退休人员。

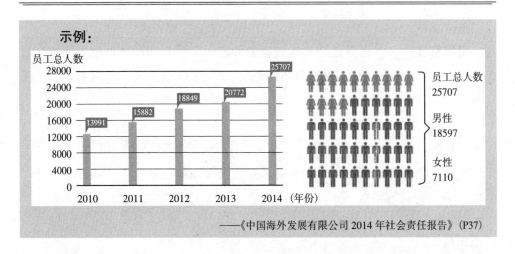

示例：

——《中国海外发展有限公司 2014 年社会责任报告》(P37)

扩展指标　P4.6 列举企业在协会、国家组织或国际组织中的会员资格或其他身份

指标解读： 企业积极参与协会组织以及国际组织，一方面是企业自身影响力的表现，另一方面可以发挥自身在协会等组织的影响力，带动其他企业履行社会责任。

示例：

作为中国房地产行业的龙头企业、中国绿色建筑委员会绿色房地产学组组长单位，中国海外发展一直致力于融汇现代科技的绿色建筑实践与推广。2007 年，公司已实施了《绿色建筑技术导则》、《绿色建筑推行实施办法》，综合了中国《绿色建筑评价标准》、美国 LEED 认证标准及公司数十年项目设计建造经验，涵盖了适用性强的节地、节能、节水、节材、室内环境技术、绿色施工等技术准则。

——《中国海外发展有限公司 2014 年社会责任报告》(P4)

扩展指标　P4.7 报告期内关于组织规模、结构、所有权或供应链的重大变化

（五）年度进展（P5）

社会责任年度进展主要包括报告期内企业社会责任工作的年度进展、取得的关键绩效以及报告期内企业所获重大荣誉。

核心指标　P5.1 年度社会责任工作进展

指标解读： 年度社会责任工作进展主要指从战略行为和管理行为的角度出发，企业在报告年度内做出的管理改善，包括但不限于：

● 制定新的社会责任战略；

● 建立社会责任组织机构；

● 在社会责任实践领域取得的重大进展；

● 下属企业社会责任工作取得的重大进展等。

示例：

2014 年大事记

1. 6 个购物中心成功开业

2014 年，华润置地 6 个购物中心（郑州/重庆/无锡万象城和合肥蜀山/浙江余姚/上海南翔五彩城）成功开业。

2. 驰名商标

2014 年，华润置地"万象城"被国家商标评审委员会认定为驰名商标。

3. 中国商业地产领导者

2014 年 7 月 26 日，华润置地在深圳举办商业地产战略发布会，明确提出了"中国商业地产领导者"的战略目标定位。

4. 万象城系列推广活动

2014 年，华润置地开展万象城系列推广活动，全面提升商业品牌形象。

5. 成立建设事业部

2014 年，华润置地成立建设事业部，统一管控华润建筑、优高雅、励致家私 3 家利润中心。

6. 五家酒店投入运营

截至 2014 年，华润置地石梅湾艾美酒店、深圳君悦酒店、深圳湾木棉花酒店、沈阳君悦酒店、大连君悦酒店等五家酒店投入运营。

7. 三次全国性整合营销活动

华润置地 2014 年举办三次全国性整合营销活动，"国庆放价"、"钻 10 新房"、"购房年终奖"，给客户带来比平时更多的优惠让利。

——《华润置地 2014 年社会责任报告》（P9、P10）

$\boxed{核心指标}$　P5.2 年度责任绩效

指标解读：年度责任绩效主要从定量的角度出发，披露公司在报告期内取得的重大责任绩效，包括但不限于：

● 财务绩效；

● 客户责任绩效；

● 伙伴责任绩效；

● 员工责任绩效；

● 社区责任绩效；

● 环境责任绩效等。

示例：

2014 年关键绩效

综合营业额 883.81 亿港元，同比增长 23.8%。

年度销售面积 660.09 万平方米，同比增长 14.2%。

年度销售额 692.10 亿港元，同比增长 4.4%。

包括酒店经营在内的投资物业实现营业额 54.36 亿港元，同比增长 17.6%。

扣除投资物业评估增值后核心股东应占溢利 118.02 亿港元，同比增长 25.0%。

每股核心盈利港币 202.4 仙，同比增长 24.9%。

纳税总额 166.95 亿港元。

绿色建筑认证面积 477.74 万平方米。

——《华润置地 2014 年社会责任报告》(P11)

$\boxed{核心指标}$　P5.3 年度责任荣誉

指标解读：年度责任荣誉主要指公司在报告期内在责任管理、市场责任、社会责任和环境责任方面获得的重大荣誉奖项。

示例：

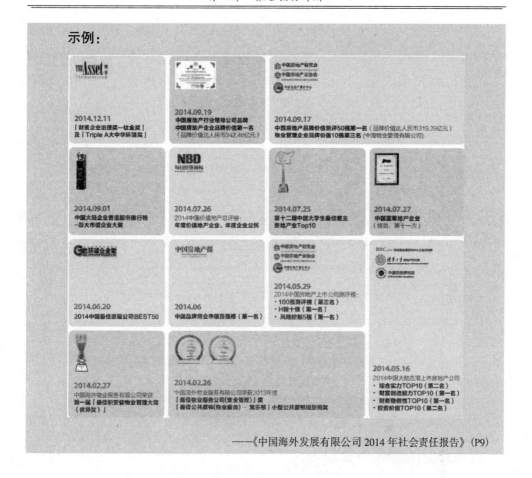

——《中国海外发展有限公司 2014 年社会责任报告》(P9)

二、责任管理（G 系列）

　　有效的责任管理是企业实现可持续发展的基石。企业应该推进企业社会责任管理体系的建设，并及时披露相关信息。根据最新研究成果①，企业社会责任管理体系包括责任战略、责任治理、责任融合、责任绩效、责任沟通和责任能力六大部分（见图 4-3）。其中，责任战略的制定过程实际上是企业社会责任的计划（Plan—P）；责任治理、责任融合的过程实际上是企业社会责任的执行（Do—D）；

---

　　① 该框架系国资委软课题《企业社会责任推进机制研究》成果，课题组组长：彭华岗，副组长：楚序平、钟宏武，成员：侯洁、陈锋、张璟平、张蕙、许英杰。

责任绩效和报告是对企业社会责任的评价（Check—C）；调查、研究自己社会责任工作的开展情况、利益相关方意见的反馈以及将责任绩效反馈到战略的过程就是企业社会责任的改善（Act—A）。这六项工作整合在一起构成了一个周而复始、闭环改进的 PDCA 过程，推动企业社会责任管理持续发展。

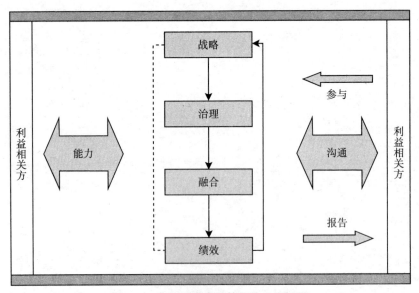

图 4-3　企业社会责任管理的六维框架

（一）责任战略（G1）

社会责任战略是指公司在全面认识自身业务对经济社会环境影响、全面了解利益相关方需求的基础上，制定明确的社会责任理念、核心议题和社会责任规划，包括四个方面。

核心指标　G1.1 社会责任理念、愿景、价值观

指标解读：该指标描述企业对经济、社会和环境负责任的经营理念、愿景及价值观。

责任理念是企业履行社会责任的内部驱动力和方向，企业应该树立科学的社会责任观，用以指导企业的社会责任实践。

示例：

华润置地始终关注经济、社会和环境价值，追求卓越发展，努力打造

"投资者信任、员工热爱、社会尊重、大众称道"的优秀企业形象，把公司建设成为房地产行业的领导者，实现超越利润之上的追求。

● 诚信理念：诚实守信是华润文化的基石，是华润立业之本，是华润人必须坚守的底线。

● 合规理念：遵守行业规范，重合同、守信誉、不贿赂、公平竞争。

● 经济责任理念：业绩是华润选人、用人、评价人、激励人的基本标准。

● 客户责任理念：提供更为优质、更为环保、更为人性化的产品和服务，不断超越用户期望，与客户精诚合作，为客户创造价值，与客户共同成长。

● 公共责任理念：常怀感恩之心，努力回馈社会。

● 员工责任理念：尊重人的价值，开发人的潜能，升华人的心灵，保护员工权益，实现企业价值和员工价值最大化。

● 供应链责任理念：携手合作伙伴互惠互利，共同发展，合作共赢。

● 环境责任理念：不以牺牲环境为代价谋求企业发展，不以牺牲环境的长远利益换取企业的短期效益；不以牺牲公民的健康和生命牟取黑心利润，不以损毁品牌为代价谋求企业短暂辉煌。

——《华润置地 2014 年社会责任报告》(P39)

扩展指标 G1.2 企业签署的外部社会责任倡议

指标解读：企业签署外部社会责任倡议体现了其对社会责任的重视，同时，外部社会责任倡议也是公司履行社会责任的外部推动力。

示例：

"碳减排先锋"项目（Climate Saver）始于 1999 年，是由世界自然基金会（WWF）发起的全球各行业领军企业参与应对气候变化的项目。"碳减排先锋"倡导企业自愿实施大幅超前的温室气体减排行动，推动可再生能源的使用，并积极推广可持续商业模式和气候问题的解决方案。

2014 年 11 月 13 日，万科集团宣布正式加入 WWF"碳减排先锋"，成为全球房地产行业中首家"碳减排先锋"成员企业。万科制定并公开了自身的碳减排目标，力争在 2018 年推动集团碳减排工作迈上新台阶。

——《万科企业股份有限公司 2014 年企业社会责任报告》(P11)

核心指标　G1.3 辨识企业的核心社会责任议题

指标解读：本指标主要描述企业辨识社会责任核心议题的工具和流程，以及企业的核心社会责任议题包括的内容。企业辨识核心社会责任议题的方法和工具包括但不限于：

● 利益相关方调查；

● 高层领导访谈；

● 行业背景分析；

● 先进企业对标等。

示例：

中国海外发展企业社会责任关键性议题矩阵

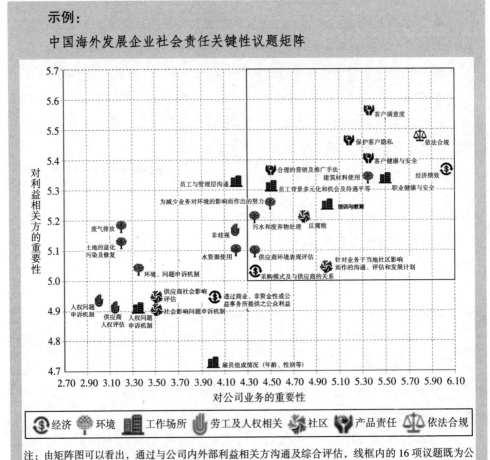

注：由矩阵图可以看出，通过与公司内外部利益相关方沟通及综合评估，线框内的 16 项议题既为公司各利益相关方所看重，亦与公司业务高度相关，为本年度报告披露重点及公司未来持续推进企业社会责任行动的参考与指引。

——《中国海外发展有限公司 2014 年社会责任报告》（P10）

扩展指标 G1.4 企业社会责任规划

指标解读： 社会责任规划是企业社会责任工作的有效指引。本指标主要描述企业社会责任工作总体目标、阶段性目标、保障措施等。

> **示例：**
>
> 为增强社会责任工作的前瞻性、计划性，加快责任融合，2014年集团组织专门力量，开展了社会责任规划研究，总结了过去5年来此项工作的经验，反思了问题与不足，提出了未来工作方向，在集团务虚会上作了专题汇报。目前，正在组织集团及所属企业，围绕社会责任目标、遵循原则、使命远景、责任理念、核心议题、践行重点、措施步骤、落实机制、资源保证等议题，进行系统规划研究。
>
> ——《华润（集团）有限公司2014年社会责任报告》(P46)

（二）责任治理（G2）

CSR治理是指通过建立必要的组织体系、制度体系和责任体系，保证公司CSR理念得以贯彻，保证CSR规划和目标得以落实。

扩展指标 G2.1 社会责任领导机构

指标解读： 社会责任领导机构是指由企业高层领导（通常是企业总裁、总经理等）直接负责的、位于企业委员会最高层面的决策、领导、推进机构，例如社会责任委员会、可持续发展委员会、企业公民委员会等。

> **示例：**
>
> 华润置地的社会责任组织体系按照矩阵式管理的要求设置。董事会是社会责任决策领导机构，总部人事行政部是主责部门，总部各部门是各项社会责任落实的监管和推动部门。华润置地所属各大区、各事业部与总部各部门进行职能对接，接受总部的工作指导和考核评价。
>
> ——《华润置地2014年社会责任报告》(P44)

扩展指标 G2.2 利益相关方与企业最高治理机构之间沟通的渠道或程序

指标解读： 利益相关方与最高治理机构之间的沟通和交流是利益相关方参与

的重要内容和形式。企业建立最高治理机构和利益相关方之间的沟通渠道有助于从决策层高度加强与利益相关方的交流，与利益相关方建立良好的伙伴关系。

核心指标　G2.3 社会责任组织体系

指标解读：本指标主要包括两个方面的内容：①明确或建立企业社会责任工作的责任部门；②企业社会责任工作部门的人员配置情况。一般而言，社会责任组织体系包括三个层次：

● 决策层：主要由公司高层领导组成，负责公司社会责任相关重大事项的审议和决策；

● 组织层：公司社会责任工作的归口管理部门，主要负责社会责任相关规划、计划和项目的组织推进；

● 执行层：主要负责社会责任相关规划、计划和项目的落实执行。

示例：

我们建立了责权明确、上下联动、高效运作的社会责任组织体系，将社会责任管理思想融入生产运营各环节，有计划、有步骤地推进社会责任工作。

领导层	董事会通过战略委员会进行整体把握，制定相关战略与方针，公司办公会制定具体行动方案
组织层	设置社会责任职能部门，负责组织协调各专业部门与各下属单位的社会责任工作开展
执行层	总部专业部门根据其职责对相关社会责任议题开展管理与实践，各下属单位设有专门人员负责组织落实社会责任工作开展

——《2014 年招商地产企业社会责任报告》(P12)

核心指标　G2.4 企业内部社会责任的职责与分工

指标解读：由于社会责任实践由公司内部各部门具体执行，因此，在企业内部必须明确各部门的社会责任职责与分工。

示例:

保利地产社会责任工作体系由企业社会责任工作组、职能机关和一线实践单位三个层次构成。企业社会责任工作组由总经理牵头,相关副总经理组织筹划,由董事会办公室和品牌管理中心具体承办,负责社会责任战略规划、主题定位及整体社会责任管理体系的搭建,负责企业社会责任报告的编写、发布与沟通。

——《保利房地产(集团)股份有限公司 2014 年社会责任报告》(P15)

扩展指标　G2.5 社会责任管理制度

指标解读:社会责任工作的开展落实需要有力的制度保证。企业社会责任管理制度包括社会责任沟通制度、信息统计制度、社会责任报告的编写发布制度等。

示例:

华润置地执行华润集团《华润企业公民建设指引》、《华润集团社会责任工作管理办法》,在华润集团指导下,对社会责任的组织保障、规划推动、指标体系、沟通传播、检查考核、经费保障等问题进行了规范,通过管理体系,有效管理企业运营对利益相关方、社会和环境的影响,将社会责任理念融入企业经营。

——《华润置地 2014 年社会责任报告》(P43)

(三) 责任融合 (G3)

责任融合指企业将 CSR 理念融入企业经营发展战略和日常运营,包括推进专项工作转变、推动下属企业履行社会责任、推动供应链合作伙伴履行社会责任等。

扩展指标　G3.1 推进下属企业社会责任工作

指标解读:本指标主要描述公司下属企业的社会责任工作情况,包括下属企业发布社会责任报告、对下属企业进行社会责任培训、在下属企业进行社会责任工作试点、对下属企业社会责任工作进行考核与评比等。

> **示例：**
>
> 在华润大学对中层经理人组织了 2 期培训，对华润医药、华润置地、华润医疗等利润中心进行了辅导，对集团社会责任职能线有关人员开展了培训，受众逾1200人次。
>
> ——《华润（集团）有限公司 2014 年社会责任报告》（P49）

扩展指标 G3.2 推动供应链合作伙伴履行社会责任

指标解读： 本指标包括两个层次：描述企业对合作机构、同业者以及其他组织履行社会责任工作的倡议；推进下游供应链企业的社会责任意识。

> **示例：**
>
> 我们持续开展负责任的采购，通过集中采购更好地帮扶和支持重点供应商的健康发展，通过绿色采购推动供应链逐步迈向低碳环保。
>
> ——《万科企业股份有限公司 2014 年企业社会责任报告》（P29）

（四）责任绩效（G4）

CSR 绩效指企业建立社会责任指标体系，并进行考核评价，确保社会责任目标的实现。

扩展指标 G4.1 构建企业社会责任指标体系

指标解读： 本指标主要描述企业社会责任评价指标体系的构建过程和主要指标。建立社会责任指标体系有助于企业监控社会责任的运行情况。

> **示例：**
>
> 华润集团社会责任关键绩效体系由社会责任领域、关键绩效、战略业务单元和一级利润中心个性化绩效指标组成。2014 年集团各部室依据职责，进一步完善关键绩效指标统计平台，推动各直属企业对接统计报送系统，加强了数据统计分析。
>
> | 社会责任领域 | | 关键绩效 | |
> | --- | --- | --- | --- |
> | 7 大责任领域 | 27 项责任议题 | 集团共性指标 103 个 | 利润中心个性指标 67 个 |
>
> ——《华润（集团）有限公司 2014 年社会责任报告》（P40）

扩展指标 G4.2 依据企业社会责任指标进行绩效评估

指标解读：本指标主要描述企业运用社会责任评价指标体系，对履行企业社会责任的绩效进行评价的制度、过程和结果。

示例：

集团董事会办公室于每年第四季度对各单位社会责任工作提出指导性意见，这些意见被列入商业计划编制通知中，要求在各单位编制计划中予以体现。商业计划会期间，董事办就各单位提出的社会责任工作计划提出指导性意见，被集团商业计划编制委员会采纳后转为正式批复下达，列入商业计划合同加以考核。董事办在年度工作计划中提出社会责任工作开展的总体思路和具体措施，在经理人年会期间披露并推动实施。董事办社会责任年度工作计划分解到岗、到人，执行情况接受集团对部室的绩效考核，执行结果与奖惩挂钩。各直属企业依据集团要求，细化各项要求。

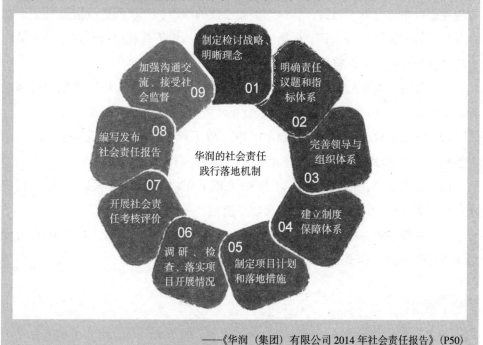

——《华润（集团）有限公司 2014 年社会责任报告》（P50）

扩展指标 G4.3 企业社会责任优秀评选

指标解读：本指标主要描述企业内部的社会责任优秀单位、优秀个人评选或优秀实践评选相关制度、措施及结果。

示例：

发布《华润集团 EHS 奖年度评选办法》，明确 EHS 奖项设置、评选、表彰与奖励等工作原则和方法，对年度内在 EHS 方面取得卓越绩效和为华润集团 EHS 管理水平提升做出重要贡献的组织和个人进行奖励。2014 年，共评出 EHS 管理奖 11 项、EHS 项目奖 18 项、贡献之星 12 人。在华润集团 EHS 大会上，集团对获奖的有关单位和个人进行了表彰。

——《华润（集团）有限公司 2014 年社会责任报告》（P124）

核心指标 G4.4 企业在经济、社会或环境领域发生的重大事故，受到的影响和处罚以及企业的应对措施

指标解读： 如果报告期内企业在经济、社会或环境等领域发生重大事故，企业应在报告中进行如实披露，并详细披露事故的原因、现状和整改措施。《生产安全事故报告和调查处理条例》根据生产安全事故（以下简称事故）造成的人员伤亡或者直接经济损失，将事故分为以下等级：

（1）特别重大事故，指造成 30 人以上死亡，或者 100 人以上重伤（包括急性工业中毒，下同），或者 1 亿元以上直接经济损失的事故；

（2）重大事故，指造成 10 人以上 30 人以下死亡，或者 50 人以上 100 人以下重伤，或者 5000 万元以上 1 亿元以下直接经济损失的事故；

（3）较大事故，指造成 3 人以上 10 人以下死亡，或者 10 人以上 50 人以下重伤，或者 1000 万元以上 5000 万元以下直接经济损失的事故；

（4）一般事故，指造成 3 人以下死亡，或者 10 人以下重伤，或者 1000 万元以下直接经济损失的事故。

示例：

华润集团严格依照《安全生产处罚条例》和考核制度，追究事故发生单位的安全生产管理失责行为。各单位对发生的每一起生产安全事故，严格按照"四不放过"原则开展事故调查和处理。集团将事故发生的经过、直接原因、间接原因、处罚情况等在 EHS 网站、《EHS 信息》上曝光，起到警示和

教育作用。集团所属利润中心、基层企业对发生轻伤及以上生产安全事故的
责任人均进行了严肃处理，2014 年全年累计追究责任人 949 人次，发出通
报警示提醒 7287 份。

——《华润（集团）有限公司 2014 年社会责任报告》(P124)

（五）责任沟通（G5）

责任沟通是指企业就自身社会责任工作与利益相关方开展交流，进行信息双
向传递、接收、分析和反馈。

核心指标　G5.1 企业利益相关方名单

指标解读：利益相关方是企业的履责对象，企业必须明确与自身经营相关的
利益相关方，并在报告中列举利益相关方名单。

示例：

利益相关方 Stakeholder	责任要求 Responsibillity requirement	采取措施 Measures	沟通实践 Communication
员工 Employee	保障员工权益 实现员工发展 关爱员工健康 参与公司管理 Secure the interests of employees, help them develop, care for their thealth and engage them in company management.	维护员工合法权益，完善收入分配和福利保障机制，关注员工培训，改善工作条件，提供员工关爱基金，开展员工活动 Maintain the legal interests of employees, improve the income distribution and welfare security mechanism, pay attention to employee training, improve working conditions, establish an employee care fund and organize employee activities.	定期和不定期征求员工意见，员工座谈会，网站群 Regularly and irregularly collect suggestions from employees, hold employee seminars and create websites for employee clusters.
供应商及合作伙伴 Suppliers and partners	诚信合作，和谐平等，互利共赢，促进行业积极健康发展 Promote the positive and healthy development of the industry through honest cooperation, harmony, equality, mutual benefit and win-win success.	公平阳光采购，打造责任供应链，参与行业组织，建立合作机制和伙伴关系 Conduct fair and amicable purchases, create a responsible supply chain, join industrial organizations and establish mechanisms of cooperation with partners.	招投标大会，供应商大会，商业谈判，责任采购 Tendering/bidding conference, supplier conference, business negotiation and responsible purchases.

续表

利益相关方 Stakeholder	责任要求 Responsibillity requirement	采取措施 Measures	沟通实践 Communication
科研院所、行业组织、媒体、社会团体 Research institutions, industrial organizations, media and social groups	遵守行业规范，促进行业发展，提供政策建议 Abide by industrial norms, promote industrial development and provide policy suggestions.	参与行业评估，对行业规范提出建议，完善新闻管理制度，及时准确披露相关信息 Participate in industrial selection, provide advice on industrial norms, complete the press management system and disclose relevant and accurate information in a timely fashion.	健全新闻发言人机制，优化舆情反馈机制 Improve the press spokesperson mechanism and optimize the opinion feedback mechanism.
社区与环境 Community and environment	合理利用资源，保护生态环境，促进社区发展 Reasonably utilize resources, protect the ecological environment and promote the development of the community.	实施节能减排措施，落实绿色施工、绿色建筑理念，开展社区活动 Implement energy saving and emission reduction measures, adhere to the green construction and green building philosophy and organize community activities.	发布环保相关数据，开展社区沟通、共建活动，积极投身社区公益 Publish relevant environmental protection data, carry out community communication and joint construction and actively engage in community chartable events.

——《华润置地 2014 年社会责任报告》（P45）

扩展指标　　G5.2 识别及选择利益相关方的程序

指标解读：由于企业利益相关方众多，企业在辨识利益相关方时必须采用科学的方法和程序。

核心指标　　G5.3 利益相关方的关注点和企业的回应措施

指标解读：本指标包含两个方面的内容：①对利益相关方的需求及期望进行调查；②阐述各利益相关方对企业的期望以及企业对利益相关方期望进行回应的措施。

示例：

　　利益相关方的信任和支持是万科持续健康发展的基础。我们建立了多元化的利益相关方对话机制，主动与政府、股东、员工、客户、合作伙伴、社区和公众等利益相关方群体开展多方沟通交流。

利益相关方	期望与要求	沟通回应方式
政府	遵纪守法 依法纳税 支持经济发展	合规管理 主动纳税 执行国家政策
股东	回报与增长 控制风险 公司治理	定时披露经营信息 股东大会、报告与通报 持续增长，保证股东回报
员工	工资及福利保障 健康和安全 顺畅沟通 公平晋升和发展机会	及时足额发放工资、缴纳社保 建立职业健康安全管理体系 "十二条沟通渠道" 职业发展通道、员工培训
客户	保证产品质量 优质的管理服务	工业化生产、"两提一减" 业主委员会、万客会、客户满意度调查
合作伙伴	信守承诺 公平、公正、公开采购 经验分享	依法履行合同 公开招标、发布《合格供应商名录》 开展项目合作 带动行业健康发展
环境	节能减排 应对气候变化 保护生态	工业化 绿色建筑、碳减排先锋 植物多样性保护、雪豹保护、垃圾分类
社会和公众	支持社会发展 关注弱势群体 扶贫济困	公益慈善事业 志愿者服务 健康文化

——《万科企业股份有限公司2014年企业社会责任报告》(P7)

核心指标 **G5.4 企业内部社会责任沟通机制**

指标解读：本指标主要描述企业内部社会责任信息的传播机制及媒介。企业内部社会责任沟通机制包括但不限于：

● 内部刊物，如《社会责任月刊》、《社会责任通讯》等；

● 在公司网站建立社会责任专栏；

● 社会责任知识交流大会；

● CSR 内网等。

核心指标 **G5.5 企业外部社会责任沟通机制**

指标解读：本指标主要描述企业社会责任信息对外部利益相关方披露的机制及媒介，如发布社会责任报告、召开及参加利益相关方交流会议、项目开放日等。

示例：

华润置地积极加强与利益相关方的沟通，在多方平台下学习领先企业的优秀实践，传递华润置地的责任理念、实践和成效。不断拓展沟通渠道，提升沟通频率，丰富沟通内容，积极响应利益相关方诉求。

利益相关方 Stakeholder	责任要求 Responsibillity requirement	采取措施 Measures	沟通实践 Communication
政府 Govemment	贯彻执行国家经济政策，落实政府管理要求，促进社会持续发展 Implement national economic policies and govemment management requirements and promote sustainable development of the society.	守法合规，诚信经营 依法纳税，增加就业 公平竞争，促进行业健康发展 Abide by the laws, conduct honest and credible operation, pay lawful taxes, increase employment, value fair competition and promote healthy development of the industry.	参与政府相关会议 参与政府项目，落实华润集团战略合作机制 定期和专项汇报，完善报表和相关信息 Attend relevant govemment meetings, participate in govemment projects, implement the strategic cooperation mechanism with China Resources Holdings, make regular and special reportings, improve the format and content of statements and related information.
股东 Shareholder	企业合法合规 资产保值增值 满意的投资回报率 了解公司经营情况 Ensure the legality and compliance of the enterprise, value preservation and appreciation, satisfactory return on investment and update information conceming the operation of the Company.	完善公司管理体系，提高公司经营水平，防范经营风险，保障和提升股东权益 Improve the Company's management system, raise the operation level of the Company, prevent operation risk and secure/improve the interests of shareholders.	及时披露信息，加强投资者关系管理，业务部门日常沟通，专项汇总，公司年报，投资者会议 Disclose information appropriately, improve the management of investor relations, conduct daily communication with business departments, summarize special projects, prepare the Company's annual reports and hold investor meetings.

续表

利益相关方 Stakeholder	责任要求 Responsibillity requirement	采取措施 Measures	沟通实践 Communication
客户 Customer	严格遵照合同，杜绝虚假销售宣传 提供优质产品，及时妥当处理客户合理诉求 Strictly follow contracts, avoid false sales promotion, provide quality produts and address the reasonable demands of the customers in a full and timely fashion.	保证产品品质，丰富服务种类，提升服务质量 Ensure product quality, enrich service options and imporove service quality.	客户满意度调查，客户服务热线，完善客户关系管理体系和客户意见搜集反馈机制 Conduct customer satisfaction surveys, maintain the customer service hotline and improve the customer relations management system as well as the customer comment collection and feedback mechanism.
员工 Employee	保障员工权益 实现员工发展 关爱员工健康 参与公司管理 Secure the interests of employees, help them develop, care for their health and engage them in company management.	维护员工合法权益，完善收入分配和福利保障机制，关注员工培训，改善工作条件，提供员工关爱基金，开展员工活动 Maintain the legal interests of employees, improve the income distribution and welfare security mechanism, pay attention to employee training, improve working conditions, establish an employee care fund and organize employee activities.	定期和不定期征求员工意见，员工座谈会，网站群 Regularly and irregularly collect suggestions from employees, hold employee seminars and create websites for employee clusters.
供应商及合作伙伴 Suppliers and partners	诚信合作，和谐平等，互利共赢，促进行业积极健康发展 Promote the positive and healthy development of the industry through honest cooperation, harmony, equality, mutual benefit and win-win success.	公平阳光采购，打造责任供应链，参与行业组织，建立合作机制和伙伴关系 Conduct fair and amicable purchases, create a responsible supply chain, join industrial organizations and establish mechanisms of cooperation with partners.	招投标大会，供应商大会，商业谈判，责任采购 Tendering/bidding conference, supplier conference, business negotiation and responsible purchases.
科研院所、行业组织、媒体、社会团体 Research institutions, industrial organizations, media and social groups	遵守行业规范，促进行业发展，提供政策建议 Abide by industrial norms, promote industrial development and provide policy suggestions.	参与行业评估，对行业规范提出建议，完善新闻管理制度，及时准确披露相关信息 Participate in industrial selection, provide advice on industrial norms, complete the press management system and disclose relevant and accurate information in a timely fashion.	健全新闻发言人机制，优化舆情反馈机制 Improve the press spokesperson mechanism and optimize the opinion feedback mechanism.

续表

利益相关方 Stakeholder	责任要求 Responsibillity requirement	采取措施 Measures	沟通实践 Communication
社区与环境 Community and environment	合理利用资源，保护生态环境，促进社区发展 Reasonably utilize resources, protect the ecological environment and promote the development of the community.	实施节能减排措施，落实绿色施工、绿色建筑理念，开展社区活动 Implement energy saving and emission reduction measures, adhere to the green construction and green building philosophy and organize community activities.	发布环保相关数据，开展社区沟通、共建活动，积极投身社区公益 Publish relevant environmental protection data, carry out community communication and joint construction and actively engage in community chartable events.

——《华润置地 2014 年社会责任报告》（P45）

核心指标　G5.6 企业高层领导参与的社会责任沟通与交流活动

指标解读：本指标主要描述企业高层管理人员参加的国内外社会责任会议，以及会议发言、责任承诺等情况。

示例：

2015 年 1 月 22 日，华润置地应邀参加了由中国社科院主办的"分享责任年会（2015）暨第四届中国企业社会责任报告峰会"。

——《华润置地 2014 年社会责任报告》（P46）

（六）责任能力（G6）

责任能力指企业通过开展社会责任课题研究、参与社会责任交流和研讨活动提升组织知识水平；通过开展社会责任培训与教育活动提升组织员工的社会责任意识。

扩展指标　G6.1 开展 CSR 课题研究

指标解读：由于社会责任是新兴课题，企业应根据社会责任理论与实践的需要自行开展社会责任调研课题，把握行业现状和企业自身情况，以改善企业社会责任管理，优化企业社会责任实践。

扩展指标 G6.2 参与社会责任研究和交流

指标解读： 本指标主要指企业通过参与国内外、行业内外有关社会责任的研讨和交流，学习、借鉴其他企业和组织的社会责任先进经验，进而提升本组织的社会责任绩效。

示例：

2014 年 12 月 1 日至 12 日，联合国气候变化大会于秘鲁首都利马举行。《联合国气候框架公约》是世界上第一个应对全球气候变化的国际公约，旨在全面控制二氧化碳等温室气体排放。

作为倡导绿色建筑的先锋企业，万科积极参加了联合国气候变化大会。2014 年 12 月 10 日，万科主办的"城市的绿色低碳未来"主题边会在秘鲁气候大会"中国角"举行。来自政府、学术机构、国企、民企、国际机构和民间组织等 21 家机构的代表参与此次主题边会活动，共有 6 家国内外企业代表分享了各自的优秀经验，共同探讨了当前城市低碳发展的挑战与机遇。

——《万科企业股份有限公司 2014 年企业社会责任报告》(P10)

扩展指标 G6.3 参加国内外社会责任标准的制定

指标解读： 企业参加国内外社会责任标准的制定，一方面促进了自身社会责任相关议题的深入研究，另一方面也提升社会责任标准的科学性、专业性。

示例：

2014 年 9 月 29 日，华润置地应邀参加华润医药集团主办的《中国企业社会责任报告编写指南 3.0 之医药行业》修编工作专家研讨会。

2015 年 2 月 11 日，华润置地在深圳召开启动会，参与《中国企业社会责任报告编写指南 3.0 之房地产业指南》的编写工作。

——《华润置地 2014 年社会责任报告》(P47)

核心指标 G6.4 通过培训等手段培育负责任的企业文化

指标解读： 本指标指企业通过组织、实施社会责任培训计划，提升员工的社会责任理念，使员工成为社会责任理念的传播者和实践者。

示例：

2014 年 5 月 28 日，华润置地邀请中国社科院专家对华润置地社会责任工作组成员 26 人进行了社会责任工作专题培训。

——《华润置地 2014 年社会责任报告》（P47）

三、市场绩效（M 系列）

市场绩效描述企业在市场经济中负责任的行为。企业的市场绩效责任可分为对自身健康发展的经济责任和对市场上其他利益相关方（主要是客户和商业伙伴）的经济责任，如图 4-4 所示。

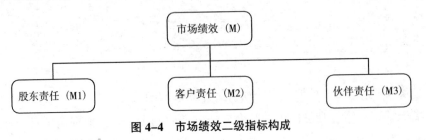

图 4-4　市场绩效二级指标构成

（一）股东责任（M1）

股东责任主要包括股东权益保障机制与财务绩效两个方面，财务绩效用资产的成长性、收益性和安全性三个指标进行表现。

1. 股东权益保护

核心指标　M1.1 投资者关系管理制度

指标解读： 投资者关系管理是指公司通过各种方式的投资者关系活动，加强与投资者之间的沟通，增进投资者对公司了解的管理行为。

示例：

2014 年，公司保持了与资本市场的紧密沟通，以企业传讯部为窗口，通过参与各类资本市场活动、投资者会议等形式，及时响应股东和投资者的各类问题和要求，并将资本市场各类信息系统地回馈管理层。本公司立体化信息发布平台持续运行，资本市场沟通顺畅。

——《中国海外发展有限公司 2014 年社会责任报告》(P16)

核心指标 **M1.2 股东参与企业治理的政策和机制**

指标解读：本指标主要描述股东参与企业治理的政策和机制，这些政策和机制包括但不限于股东大会、临时性股东大会等。

示例：

本公司充分考虑最佳企业管治常规，于董事局以下成立了审核委员会、薪酬委员会及提名委员会。董事局及董事局下辖委员会根据其职权范围的规定，定期评估及审查其工作的有效性。过去数年，本公司在提升整体透明度

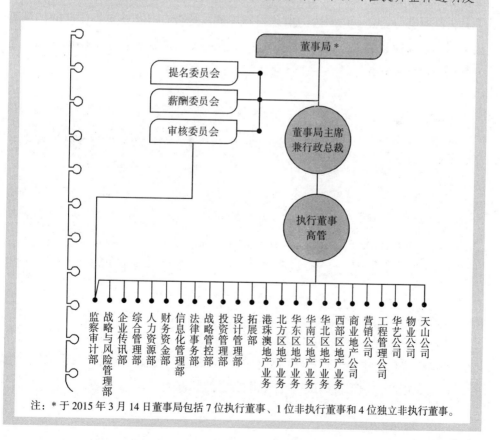

注：* 于 2015 年 3 月 14 日董事局包括 7 位执行董事、1 位非执行董事和 4 位独立非执行董事。

和独立性、建立有效的权责机制、强化内部审计及风险管控等方面，持续完善。

——《中国海外发展有限公司 2014 年社会责任报告》(P14)

扩展指标 M1.3 保护中小投资者利益的政策和机制

指标解读：本指标主要内容包括保证中小股东的知情权、席位、话语权以及自由转让股份权、异议小股东的退股权等。

核心指标 M1.4 规范信息披露的制度和措施

指标解读：及时准确地向股东披露企业信息是履行股东责任不可或缺的重要环节，这些信息包括企业的重大经营决策、财务绩效和企业从事的社会实践活动。保证上市公司架构内的法人公司及时、准确地向总部提交披露用信息，包括是否有（执行了）规范的提交过程管理机制、是否有（使用了）有效的辅助报送工具、是否有（遵守了）明确的信息编制规范、是否有（实施了）严格的信息复核机制。企业应根据《公司法》通过财务报表、公司报告等向股东提供信息。上市公司应根据《上市公司信息披露管理办法》向股东报告信息。

示例：

2014 年 1 月起，中国海外发展在联交所刊发月度销售及新增土地储备公告，保持了领先的信息透明度。年内，公司参加 20 余场大型投资会议，接待近 300 人次公司访问，电话会议近 500 次，并且安排 217 团次、超过 1000 人次投资者参观地产项目。年度及中期业绩分析会，现场参会投资者总计超过 400 人次，全球中英文视频直播及回放收看超过 1000 人次。

——《中国海外发展有限公司 2014 年社会责任报告》(P16)

2. 财务绩效

核心指标 M1.5 成长性

指标解读：本指标指报告期内营业收入及增长率等与企业成长性相关的其他指标。主要包含合约销售额、营业额和利润增长等。

示例：

2014 年，中国海外发展全年合约销售额达 1408 亿港元，对应售出物业的面积达 940 万平方米。

——《中国海外发展有限公司 2014 年社会责任报告》(P8)

核心指标　M1.6 收益性

指标解读： 本指标指报告期内的净利润增长率、净资产收益率和每股收益等与企业经营收益相关的其他指标。包含毛利率、净利率、核心利润率等。

示例：

过去 12 年（2003~2014 年），中国海外发展的净利润增长均超过 20%，过去 5 年（2010~2014 年），股东摊占纯利复合增长率为 29.3%。2014 年，中国海外发展经审核股东应占溢利增加 20.1% 至 276.8 亿港元，每股基本盈利增加 20.1% 至 3.39 港元，股东资金增加 21.2% 至 1333 亿港元，每股净资产达 16.3 港元，同比上升 20.7%。平均股东资金回报达 22.8%。

——《中国海外发展有限公司 2014 年社会责任报告》(P8)

核心指标　M1.7 安全性

指标解读: 本指标指报告期内的资产负债率等与企业财务安全相关的其他指标。包含净借贷比,在手现金与总资产比,借贷总额中不同货币比例,以及融资成本等。

(二) 客户责任 (M2)

1. 基本权益保护

核心指标　M2.1 客户关系管理理念和方针

指标解读: 客户关系管理制度指以客户为中心,覆盖客户期望识别、客户需求回应以及客户意见反馈和改进的相关管理制度。

示例:

以客户至上为原则,严守商业道德,努力提供更优质、更环保、更人性化的产品和服务,悉心维护客户和消费者权益,不断超越用户的期望。2005年起,连续十年进行第三方满意度调查,基本覆盖地产开发整个环节。2011年,成为业内首家试点上线专业客户关系管理系统 (CRM) 的开发商。2011

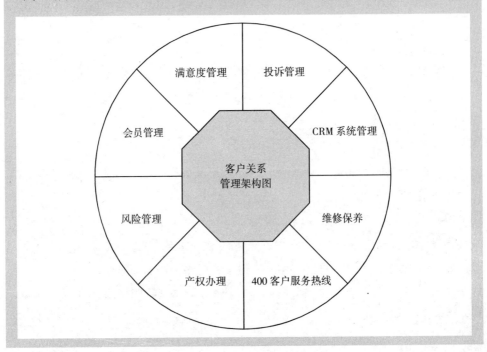

年，旗下会员品牌"置地会"全新上线，为客户提供多元化、高质量的服务选择。2012年，全国统一客户服务热线4001099888上线。2014年，启动舆情监测系统，建立总部—大区—城市公司三级预警管理机制，对客户投诉及时反应、跟踪和处理。

——《华润置地2014年社会责任报告》（P15）

核心指标　M2.2 合规宣传的制度和措施

指标解读：本指标指企业应遵循法律法规及适用于企业自身业务活动的行为准则开展经营活动，并针对员工（或利益相关方）进行合规经营宣传。

示例：

年内，公司制定了《法律事务管理制度》，并下发《法律事务工作指引》、《合同事务工作指引》、《诉讼案件备案工作指引》、《知识产权管理工作指引》等配套的操作指引文件，同时，结合公司实际，编制《房地产销售法律风险解析》，对房地产销售全流程中涉及的法律纠纷及真实案例进行归纳总结，有效提升一线销售人员的法律风险意识及工作水平。此外，在公司内网设立"以案学法"栏目，定期发布房地产法务案例材料，促进各级公司对业务运营相关的法律、法规及条例及时知晓与遵循，并持续对业务开展活动中的法律风险进行事前预警，防患未然。

——《中国海外发展有限公司2014年社会责任报告》（P17）

核心指标　M2.3 确保按合同规定交付房屋的机制

指标解读：本指标指开发商按照购房合同规定的时间交付房屋，并保证房屋符合合同约定的交付标准。

示例：

为确保开发的每一个项目都合格交付，华润置地聘请国内土木工程综合实力最强的同济咨询作为独立第三方，对下属9个大区的住宅开发项目进行100%全覆盖抽检，确保产品交付质量和合格率100%满足企业标准。

——《华润置地2014年社会责任报告》（P70）

核心指标 **M2.4 客户风险管理的制度及措施**

指标解读: 本指标指建立开盘前、交付前客户风险检查的制度,从客户角度规范、监督产品销售及交付过程。

示例:

为确保项目细节品质及产品质量瑕疵的及时解决,在所有产品正式交付前 1~3 个月,本公司的工程施工管理部门、负责售后的客户服务部门、第三方验房公司等进行交叉查验,对即将交付的产品进行全面检查及完善,公司客户关系部门亦注重收集客户收楼前后的产品改进建议和意见,并反馈至公司规划设计、施工建造阶段的责任部门,以形成完整的质量管理与监督闭环,通过信息化、专业化的创新实践,持续提升房屋整体品质及客户满意度。

——《中国海外发展有限公司 2014 年社会责任报告》(P28)

核心指标 **M2.5 为客户开展产品和服务知识普及**

指标解读: 本指标主要指对客户进行产品和服务知识宣传、普及的活动。

示例:

本公司依据项目施工建设进度,不定期组织开展工地开放日,邀请业主到访项目工程现场,既通过图片展播等形式供业主了解新家建设从荒地到封顶的过程,也带领业主亲自参访项目现场,详细了解房屋质量控制标准和细节,并切实采纳客户对项目施工管理、质量管控的意见与建议。

——《中国海外发展有限公司 2014 年社会责任报告》(P28)

扩展指标 **M2.6 客户信息保护的制度和机制**

指标解读: 本指标主要描述企业保护客户信息安全的理念、制度、措施及绩效。企业不应以强迫或欺骗的方式获得任何有关客户及消费者个人隐私的信息;除法律或政府强制性要求外,企业在未得到客户及消费者许可之前,不得把已获得的客户及消费者私人信息提供给第三方(包括企业或个人)。

示例：

为进一步完善客户信息隐私保护工作，本公司在 2014 年下发《关于加强客户资料管理的通知》，发布对纸质版、电子版在内的客户信息资料进行专人专岗管理、专用电脑管理、定时专项管理的多项措施，责任到人，加强客户资料的安全保管，避免客户个人信息泄露带来的法律风险，切实有效保护客户隐私。

——《中国海外发展有限公司 2014 年社会责任报告》(P29)

2. 产品质量

核心指标 M2.7 确保产品质量的制度及措施

指标解读： 本指标是指建立产品质量管理的制度，完善产品质量体系、加强质量检验与监督等。

示例：

为保证交付客户产品高质量，公司构建了最为严格的质量标准体系。在严格遵守国家规范的基础上，针对客户质量敏感点，制定更为严苛的企业质量标准。从《华润置地工程高质量标准 V1.0》到《华润置地工程高质量标准 V2.0》，华润置地始终从客户角度出发，在防渗漏、隔声、空间尺寸、使用功能与安全、节能环保、室内空气质量等方面的质量管理标准均高于国家标准，并严格检验试验，确保交付产品的高质量。

——《华润置地 2014 年社会责任报告》(P69)

核心指标 M2.8 确保建筑生态宜居性的制度及措施

指标解读： 建筑生态宜居性是指适宜民众居住，满足市民物质和精神上的双重需要。本指标指符合低碳的、绿色的、可持续发展的理念，充分利用低污染的清洁能源，实现人和自然的和谐相处。

示例：

中国海外发展作为中国绿色建筑与节能委员会绿色房地产学组组长单位，长期以来积极推动绿色建筑的项目实践与技术探索，在绿色建筑技术整合设计、完善评价标准等方面，自成体系，推动绿色节能住宅的推广、开发与应用。公司通过苏州中海·国际社区 233-2 科技示范项目从设计、施工到运营的全过程实践，积累了科技住宅的优秀经验与专业人才，并优化了住宅产品的功能品质与居住舒适度，真实构建与展现了公司"低碳·健康·智能"未来绿色低碳生活的美好愿景，产生了积极的经济和社会效益。

——《中国海外发展有限公司 2014 年社会责任报告》（P59）

3. 产品服务创新

扩展指标　M2.9 支持技术创新的制度和机制

指标解读：本指标主要指在企业内部建立鼓励创新的制度，形成鼓励创新的文化。

核心指标　M2.10 科技创新获奖及数量

指标解读：本指标主要指报告期内企业获得的关于产品和服务创新的奖项。

核心指标　M2.11 新增专利数量

指标解读：本指标主要包括报告期内企业新增专利申请数。

扩展指标　M2.12 科技工作人员数量及比例

指标解读：科技工作人员指企业直接从事（或参与）科技活动以及专门从事科技活动管理和为科技活动提供直接服务的人员。累计从事科技活动的时间占制度工作时间 50%（不含）以下的人员不统计。

4. 客户满意度

核心指标　M2.13 全流程客户服务体系

指标解读：本指标主要描述企业建立从预售到售后服务的全面客户服务体系，包括预售、售后服务组织和制度、实施售后服务的相关规定、采取相应措施保证售后服务的质量。如组织开展房地产客户会、客户需求分析等。

示例：

华润置地武汉大区以客户全生命周期触点为轴线，通过树立客户关键感受节点的标准化动作，在从客户的初次到访到认购、签约、交付入住的全过程中，对客户关系进行全方位全链条的管理，实现客户与华润置地从"温馨邂逅"到"钟爱一生"。

1 温馨邂逅 Warm greeting 阳光购房 提示风险 Sunny home purchase Risk Flagging	2 缘定今生 Life's destiny 明确条款 信息透明 Clear terms information transparency	3 翘首期盼 Earnest expectation 工地开放 进展通报 Site opening Progress Notification
4 明媒正娶 Legal marriage 装扮家庭 恭贺乔迁 Home decoration Moving-in celebration	华润置地 悉心关怀八步精进法 Eight-step Considerate Care Enhancement of China Resources Land	5 共筑爱巢 Building a love nest 关注体验 排忧解难 Attention on users' experience Problem solving
6 乔迁之喜 Happy moving-in 质量维修 社区完善 Quality maintenance Community improvement	7 风雨同舟 Common goal 无界沟通 精益求精 Boundless communication Incessant refinement	8 钟爱一生 Life-long love 用心关怀 持续改善 Whole-heartedcare Continuous improvement

——《华润置地 2014 年社会责任报告》(P24)

核心指标 M2.14 提供增值服务的措施

指标解读： 本指标指为购房人所买房屋所在小区建设相配套的供水、供电、供热、燃气、通信、电视系统、道路、绿化等设施。

示例：

为提高各项目管理处停车场业务运作的规范性和统一性，提升停车场管理服务水平，并防范公司经营收入流失，降低财务管理风险，中海物业系统化推进停车场信息化管控平台建设及配套硬件改造工作，截至 2014 年底，已完成 62 个项目停车场系统信息化联网对接。目前已有 214 个项目完成项目改造前现场勘测，将于 2015 年相继施工。

——《中国海外发展有限公司 2014 年社会责任报告》(P32)

核心指标　M2.15 客户投诉处理的措施及成效

指标解读： 本指标描述企业针对客户投诉采取的措施以及效果。客户投诉指客户因对企业产品质量或服务上的不满意，而提出的书面或口头上的异议、抗议、索赔和要求解决问题等行为。成效包含投诉响应及时性、投诉回访率、投诉处理关闭率、投诉处理满意度。

示例：

投诉管理：结合华润置地总部现行业务及与集团/上级单位、各大区现有投诉处理方式，制定华润置地总部投诉处理指引或流程，实现总部层面投诉处理标准化。

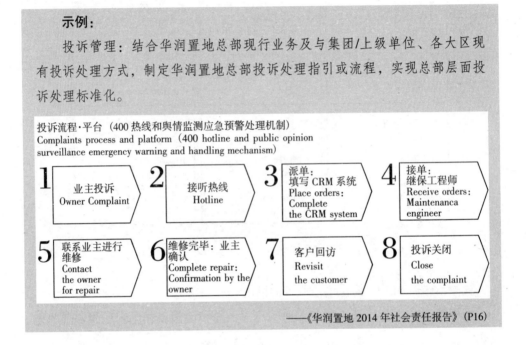

投诉流程·平台（400 热线和舆情监测应急预警处理机制）
Complaints process and platform（400 hotline and public opinion surveillance emergency warning and handling mechanism）

——《华润置地 2014 年社会责任报告》(P16)

核心指标　M2.16 客户满意调查及满意度

指标解读： 客户满意指客户对某一产品或服务已满足其需求和期望的程度的意见，也是客户在消费或使用后感受到满足的一种心理体验。对客户满意程度的调查即客户满意度调查。企业提高客户满意度的方式有很多，比如提供物业增值服务，必要的客户关怀活动等。

示例：

2014 年，中国海外发展继续聘请第三方调研机构，对全国已开发的项目销售阶段、入住后不同时期的业主进行产品和服务满意度的抽样调查，针对开发商在产品销售、设计及质量方面的问题，物业公司的日常服务都进行了客户意见与建议的收集，以不断提升公司的客户服务水平及物业管理品质。

——《中国海外发展有限公司 2014 年社会责任报告》(P34)

扩展指标　M2.17 违反提供的服务涉及的相关法律及规定所受到的处罚情况

指标解读：本指标指企业在报告期内提供服务，因违反相关法律规定受到政府处罚的情况。

（三）伙伴责任（M3）

企业的合作伙伴主要有债权人、上游供应商、下游分销商、同业竞争者及其他社会团体。伙伴责任主要包括企业在促进产业发展、价值链责任、责任采购三个方面的理念、制度、措施、绩效及典型案例。

1. 促进产业发展

核心指标　M3.1 战略共享机制及平台

指标解读：本指标主要描述企业与合作伙伴（商业和非商业的）建立的战略共享机制及平台，包括但不限于：

● 长期的战略合作协议；

● 共享的实验基地；

● 共享的数据库；

● 稳定的沟通交流平台；

● 建立企业与供应商之间的互评机制等。

示例：

2012~2014 年，华润置地与五矿发展股份有限公司、浙江物产金属集团有限公司建立钢筋采购战略合作关系，在钢材采购方面进行严格的成本控制、质量控制、风险控制。

——《华润置地 2014 年社会责任报告》(P65)

核心指标　M3.2 诚信经营的理念与制度保障

指标解读：该指标主要描述确保企业对客户、供应商、经销商以及其他商业伙伴诚信的理念、制度和措施。

示例：

华润置地注重诚信建设，致力构建健康、透明的供货商合作体系。

● 对内，将华润集团的《华润十戒》、《华润置地员工廉洁从业准则》作为经理人和员工的行为准则，结合公司规章制度、法律法规进行倡导和教育，要求经理人和员工在与供货商的合作过程中严格执行。

● 对外，将《阳光宣言》、《廉洁协议》作为各项招标邀请的附件，在向供货商发出招标邀请时即传达华润置地的诚信建设思想，只有认同华润置地《阳光宣言》、《廉洁协议》的供货商才有资格进行投标。中标单位均须签订《廉洁协议》。

——《华润置地 2014 年社会责任报告》（P59）

核心指标　**M3.3 公平竞争的理念及制度**

指标解读： 公平竞争主要指企业在经营过程中遵守国家有关法律法规，遵守行业规范和商业道德，自觉维护市场秩序，不采取阻碍互联互通、掠夺性定价、垄断渠道资源、不正当交叉补贴、诋毁同业者等不正当竞争手段。

示例：

华润置地在业务开展过程中，遵守商业道德，开展公平竞争，并通过宣传和培训等方式宣传公平竞争理念，提高员工公平竞争的自律精神。

华润置地不仅在企业内部推动公平竞争理念宣传和实践，还通过沟通交流的方式与行业内竞争对手一起，促进行业公平竞争。华润置地积极参与行业交流，不断推动所在行业的整体发展与进步，维护良好的市场秩序和竞争环境。

——《华润置地 2014 年社会责任报告》（P64）

扩展指标　**M3.4 经济合同履约率**

指标解读： 该指标主要反映企业的管理水平和信用水平。

经济合同履约率＝履行经济合同额度/年度经济合同签订总额

2. 价值链责任

核心指标　M3.5 识别并描述企业的价值链及责任影响

指标解读： 识别企业的价值链是管理企业社会责任影响的基础。企业应识别其价值链上的合作伙伴及企业对价值链伙伴的影响。

扩展指标　M3.6 企业在促进价值链履行社会责任方面的倡议和政策

指标解读： 本指标指企业应利用其在价值链中的影响力，发挥自身优势，与价值链合作伙伴共同制定社会责任倡议和相关行业社会责任发展建议。

示例：

2014 年，中海地产先后组织 30 多家设计合作单位展开广泛的交流和研讨，对房地产项目规划设计全过程中的各项节点进行系统梳理，厘定各类产品共性特征，制定统一的设计标准和模式，完成一系列标准化研发成果，包括《标准任务书》、《标准化销售中心》、《项目室内设计师标准手册》、《项目景观设计师标准手册》等。将公司在地产开发标准化、规模化、流程化的专业理念通过产品运用的形式传递至整个设计行业，改善其"小作坊"的传统运作方式，显著提高了行业的劳动生产率，减少重复劳动，加快设计效率和建设进度，提升了经济和社会效益。

——《中国海外发展有限公司 2014 年社会责任报告》(P23)

扩展指标　M3.7 企业对价值链成员进行的社会责任教育、培训

指标解读： 该指标主要描述企业对供应商、经销商等价值链伙伴进行社会责任培训或社会责任宣传教育的活动。

示例：

2014 年，华润集团加强反对商业贿赂相关培训，并在华润大学开设廉洁诚信课堂，增强经理人的法治观念和遵章守纪意识。

——《华润（集团）有限公司 2014 年社会责任报告》(P106)

3. 责任采购

核心指标　M3.8 责任采购的制度及（或）方针

指标解读： 一般情况下，公司责任采购程度由低到高可分为以下三个层次：

● 严格采购符合质量、环保、劳工标准，合规经营公司的产品或（及）服务；

● 对供应商进行社会责任评估和调查；

● 通过培训等措施提升供应商履行社会责任的能力。

示例：

通过供应商管理制度体系的建立，对上市公司、大区、城市供应商的考察、入册、评估、定级等流程及要求进行了体系化的梳理和规定，每年对供货商进行履约评价，对于合作履约良好的供货商，列入《合格供货商名册》，可参与项目投标，提供长期合作机会；对于违反廉洁合作协议、不能有效履约的供应商，实行严格的淘汰制度，列入《不合格供货商名册》，不得参与项目投标。各项目的入围投标单位优先从《合格供货商名册》中选择，不得从《不合格供货商名册》中选择。

——《华润置地 2014 年社会责任报告》（P60）

核心指标　M3.9 供应商/承包商通过质量、环境和职业健康安全管理体系认证的比率

指标解读： 供应商/承包商通过质量、环境和职业健康安全管理体系认证可从侧面（或部分）反映供应商/承包商的社会责任管理水平。

比率＝通过认证的供应商或承包商数量/供应商或承包商总数×100%

扩展指标　M3.10 供应商/承包商受到经济、社会或环境方面处罚的个数

指标解读： 本指标主要指企业的供应商/承包商中受到政府处罚的个数和次数。

核心指标　M3.11 打造责任供应链的机制

指标解读： 本指标指企业在供应链管理中融入社会责任要求，促进供应链成员履行经济、社会和环境责任。

示例：

物业管理方面，华润置地在紧抓核心业务、确保服务质量的前提下，积极推动服务外包，从制度、流程各方面律己律人，参与供货商选择和监管，履行合作伙伴社会责任。

● 物业外包业务招投标管理

所有外包业务均严格按照《华润置地招标采购管理制度》要求，采用公开招投标或邀请招投标的方式选择外包方，确保公平公正。建立了外包服务合同审批流程，所有外包服务合同均经过多方评审后签订，杜绝暗箱操作。

● 物业外包方质量管理

建立外包方质量管理流程，对外包方的服务质量进行日常督导管理。定期开展评议和年度综合评估，形成合格供应商名录，建立稳定的合作关系，降低合作风险。

——《华润置地 2014 年社会责任报告》(P63)

四、社会绩效（S系列）

社会绩效主要描述企业对社会责任的承担和贡献，包括政府责任、员工责任、安全生产和社区责任四个方面。其中，政府责任是现阶段我国企业履行社会责任的重要内容之一，主要描述企业响应政府号召、对政府负责的理念、制度、措施及绩效；员工责任主要描述企业对员工负责、促进员工与企业共同成长的理念、制度、措施、绩效及典型案例；社区责任主要描述企业对社区的责任贡献。

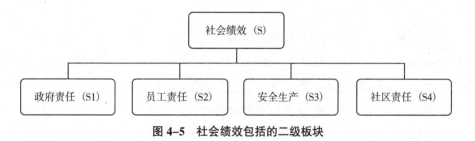

图 4-5 社会绩效包括的二级板块

（一）政府责任（S1）

政府责任主要包括守法合规和政策响应两个方面。

1. 守法合规

核心指标   **S1.1 企业守法合规理念和政策**

指标解读：本指标主要描述企业的守法合规体系，包括守法合规理念、组织体系建设、制度建设等。

示例：

为进一步完善公司企业管治及内控合规体系建设，中国海外发展于 2014 年初正式成立法律事务部，统筹负责拿地前期投资、工商登记备案、股权关系、合同事务、诉讼案件、知识产权、外聘律师、法律信息化、法律风险管控体系建设等方面的管理工作，推动公司法律风险防范的全方位、系统化、规范化建设。

年内，公司制定了《法律事务管理制度》，并下发《法律事务工作指引》、《合同事务工作指引》、《诉讼案件备案工作指引》、《知识产权管理工作指引》等配套的操作指引文件，同时，结合公司实际，编制《房地产销售法律风险解析》，对房地产销售全流程中涉及的法律纠纷及真实案例进行归纳总结，有效提升一线销售人员的法律风险意识及工作水平。此外，在公司内网设立"以案学法"栏目，定期发布房地产法务案例材料，促进各级公司对业务运营相关的法律、法规及条例及时知晓与遵循，并持续对业务开展活动中的法律风险进行事前预警，防患未然。

——《中国海外发展有限公司 2014 年社会责任报告》（P17）

核心指标   **S1.2 守法合规培训及绩效**

指标解读：本指标主要描述企业组织的守法合规培训活动，包括法律意识培训、行为合规培训等。绩效主要包含守法合规培训次数及人次等。

扩展指标   **S1.3 企业守法合规审核绩效**

指标解读：本指标包括企业规章制度的法律审核率、企业经济合同的法律审核率和企业重要经营决策的法律审核率。

核心指标   **S1.4 反商业贿赂和反腐败的制度和机制**

指标解读：本指标主要描述企业在反腐败和反商业贿赂方面的制度及措施等。

示例：

中国海外发展为及时把握公司在经营管理过程中存在的问题和不足，有效防范公司各级员工不履职和不正确履职情况的发生，建立和营造廉洁自律的企业文化。公司自 2006 年成立了效能监察的专门部门（2014 年更名为监察审计部），拓宽了公司内外检举渠道、强化了内外部监督体系。

通过廉洁从业教育、监察制度健全、举报及问责机制强化等各项举措，持续规范公司各项业务管理决策行为，形成互相制约、互相监督工作机制，并不断加强公司各级单位作风建设，警示风险，牢固员工反腐倡廉意识，进而保障公司经济效益和管理效益。

——《中国海外发展有限公司 2014 年社会责任报告》（P18）

核心指标　S1.5 廉洁风险监督体系建设

指标解读：该指标主要描述企业廉洁诚信文化建设、廉洁风险监督组织体系建设、制度体系建设。

示例：

对内，将华润集团的《华润十戒》、《华润置地员工廉洁从业准则》作为经理人和员工的行为准则，结合公司规章制度、法律法规进行宣导和教育，要求经理人和员工在与供应商的合作过程中严格执行。

对外，将《阳光宣言》、《廉洁协议》作为各项招标邀请的附件，在向供应商发出招标邀请时即传达华润置地的诚信建设思想，只有认同华润置地《阳光宣言》、《廉洁协议》的供应商才有资格进行投标。中标单位均须签订《廉洁协议》。

——《华润置地 2014 年社会责任报告》（P59）

扩展指标　S1.6 避免土地闲置的政策及制度

指标解读：闲置土地指土地使用者依法取得土地使用权后，未经原批准用地的人民政府同意，超过规定的期限未动工开发建设的建设用地。

核心指标　S1.7 纳税总额

指标解读：依法纳税是纳税人的基本义务。

示例：

纳税总额 80.6 亿元。

——《2014 年招商地产企业社会责任报告》（P11）

2. 政策响应

扩展指标　S1.8 参与保障性住房开发

指标解读：本指标指企业对具有社会保障性质的住房进行开发建设。保障性住房是指政府为中低收入住房困难家庭所提供的限定标准、限定价格或租金的住房，一般由廉租住房、经济适用住房和政策性租赁住房构成。

示例：

为满足社会各层次人群的购房需求，向市场提供多层次的住宅产品，增加市场供给，华润置地响应政府号召，积极投身保障住房建设开发中。

——《华润置地 2014 年社会责任报告》（P106）

扩展指标　S1.9 确保就业及（或）带动就业的政策或措施

指标解读：促进经济发展与扩大就业相协调是社会和谐稳定的重要基础。《中华人民共和国就业促进法》（2007）规定，"国家鼓励各类企业在法律、法规规定的范围内，通过兴办产业或者拓展经营，增加就业岗位"，"国家鼓励企业增加就业岗位，扶持失业人员和残疾人就业"。

示例：

自 2007 年起，华润置地以"百匠新人"为校园招聘品牌，面向十所内地院校以及香港大学、香港中文大学等港澳地区院校开展优秀人才招聘。公司为其搭建发展平台，提供多种岗位培训，大批校园招聘应届生通过自身的努力在华润置地实现了职业发展。

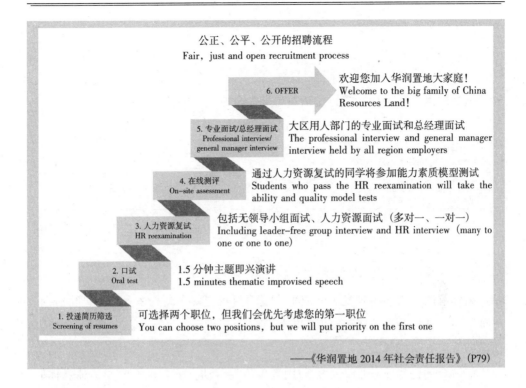

公正、公平、公开的招聘流程
Fair, just and open recruitment process

6. OFFER

欢迎您加入华润置地大家庭！
Welcome to the big family of China Resources Land !

5. 专业面试/总经理面试
Professional interview/ general manager interview

大区用人部门的专业面试和总经理面试
The professional interview and general manager interview held by all region employers

4. 在线测评
On-site assessment

通过人力资源复试的同学将参加能力素质模型测试
Students who pass the HR reexamination will take the ability and quality model tests

3. 人力资源复试
HR reexamination

包括无领导小组面试、人力资源面试（多对一、一对一）
Including leader-free group interview and HR interview (many to one or one to one)

2. 口试
Oral test

1.5 分钟主题即兴演讲
1.5 minutes thematic improvised speech

1. 投递简历筛选
Screening of resumes

可选择两个职位，但我们会优先考虑您的第一职位
You can choose two positions, but we will put priority on the first one

——《华润置地 2014 年社会责任报告》（P79）

核心指标 S1.10 报告期内吸纳就业人数

指标解读： 企业在报告期内吸纳的就业人数包括但不限于：应届毕业生、社会招聘人员、军转复原人员、农民工、劳务工等。

示例：

历年"百匠新人"招聘总人数

2010 年	148 人
2011 年	924 人
2012 年	472 人
2013 年	466 人
2014 年	850 人

——《华润置地 2014 年社会责任报告》（P79）

（二）员工责任（S2）

员工责任主要包括员工基本权益保护、薪酬福利、平等雇佣、职业健康与安

全、员工发展和员工关爱。

1. 基本权益保护

核心指标 S2.1 劳动合同签订率

指标解读：劳动合同签订率指报告期内企业员工中签订劳动合同的比率。

示例：

	2012 年	2013 年	2014 年
劳动合同签订率（%）	100	100	100

——《华润置地 2014 年社会责任报告》（P76）

扩展指标 S2.2 集体谈判与集体合同覆盖率

指标解读：集体谈判是工会或个人组织与雇主就雇佣关系等问题进行协商的一种形式，其目的是希望劳资双方能够在一个较平等的情况下订立雇佣条件，以保障劳方应有的权益。

集体合同是指企业职工一方与用人单位就劳动报酬、工作时间、休息休假、劳动安全卫生、保险福利等事项，通过平等协商达成的书面协议。集体谈判是签订集体合同的前提，签订集体合同必须要进行集体协商。

扩展指标 S2.3 临时工和劳务派遣工权益保护

指标解读：劳务派遣工指与由劳动行政部门资质认定、经工商部门注册登记的劳务型公司签订劳动合同或劳务合同后向实际用工单位进行劳务输出，从事劳动服务的一种用工形式，劳动者与劳务型公司建立劳动关系或劳务关系，由劳务型公司按规定发放工资、缴纳社会保险费，劳动者与劳务输入的实际用人单位不发生劳动关系和劳务关系，只是从事劳动服务。兼职工、临时工和劳务派遣工的权益保护问题主要包括同工同酬、福利待遇、职业培训与发展等。

核心指标 S2.4 民主管理的制度和机制

指标解读：根据《公司法》、《劳动法》、《劳动合同法》等规定，企业实行民主管理主要有三种形式：职工代表大会、厂务公开以及职工董事、职工监事等。此外，职工民主管理委员会、民主协商会、总经理信箱等也是民主管理的重要形式。

示例：

中国海外发展全力支持各级公司管理层与员工进行建设性的互动沟通，以期营造开放、透明、阳光的工作环境，并促进公司各方面管理制度及政策的不断优化完善。公司借助 OA 内网系统、工作会议、例会等线上线下不同渠道，传达公司各项政策、战略及动向。通过《中国海外》杂志定期展示公司最新动态，并让港澳及内地员工分享个人生活及工作经验。

——《中国海外发展有限公司 2014 年社会责任报告》（P43）

扩展指标　S2.5 参加工会的员工比例

指标解读：根据《工会法》、《中国工会章程》等规定，所有符合条件的企业都应该依法成立工会，维护职工合法权益是工会的基本职责。

扩展指标　S2.6 员工申诉机制

指标解读：员工申诉指员工在工作中认为受到不公正待遇或发现企业经营中不合规的行为等，通过正常的渠道反映其意见和建议。依据申诉对象的不同，员工申诉分为企业内部申诉和企业外部申诉（即劳动仲裁），本指标所指的员工申诉主要指企业内部申诉。

示例：

我们为员工提供"十二条沟通渠道"，确保员工能够采用最适宜和最有效的沟通方式与公司管理层交流，充分保障员工维护、主张和申诉自己的合法权益。我们还通过全员民主选举成立了万科职工委员会，由委员会代表全体万科职员利益进行发言献策。

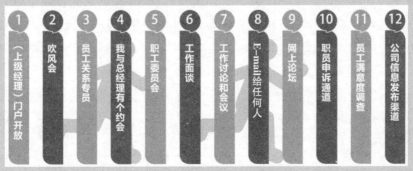

① （上级经理）门户开放　② 吹风会　③ 员工关系专员　④ 我与总经理有个约会　⑤ 职工委员会　⑥ 工作面谈　⑦ 工作讨论和会议　⑧ E-mail 给任何人　⑨ 网上论坛　⑩ 职员申诉通道　⑪ 员工满意度调查　⑫ 公司信息发布渠道

——《万科企业股份有限公司 2014 年企业社会责任报告》（P60）

扩展指标 S2.7 员工隐私管理

指标解读：员工具有工作隐私权，赋予雇员隐私权是对雇员人格尊严的尊重。企业应建立覆盖招聘、考核等各人力资源管理环节的隐私管理。

2. 薪酬福利

核心指标 S2.8 按运营地划分的员工最低工资和当地最低工资的比例

指标解读：员工最低工资指劳动者在法定工作时间提供了正常劳动的前提下，其所在用人单位必须按法定最低标准支付的劳动报酬，其中不包括加班工资、特殊工作环境的津贴、法律法规和国家规定的劳动者福利待遇等。各地最低工资标准由省、自治区、直辖市人民政府规定。

核心指标 S2.9 社会保险覆盖率

指标解读：本指标主要指企业正式员工中"五险一金"的覆盖比例。

示例：

	2012 年	2013 年	2014 年
社会保险覆盖率（%）	100	100	100

——《华润置地 2014 年社会责任报告》（P76）

扩展指标 S2.10 超时工作报酬

指标解读：本指标指企业为超出法定工作时间而支付的报酬总额。法定工作时间由政府规定。

扩展指标 S2.11 每年人均带薪年休假天数

指标解读：带薪年休假是指劳动者连续工作一年以上，就可以享受一定时间的带薪年假。其中，职工累计工作已满 1 年不满 10 年的，年休假 5 天；已满 10 年不满 20 年的，年休假 10 天；已满 20 年的，年休假 15 天。具体操作可参考 2007 年 12 月 7 日国务院第 198 次常务会议通过的《职工带薪年休假条例》。

示例：

	2012 年	2013 年	2014 年
人均带薪年休假天数（天）	6.54	6.75	5.47

——《华润置地 2014 年社会责任报告》（P71）

3. 平等雇佣

核心指标　S2.12 女性管理者比例

指标解读： 管理人员主要指具体从事经营管理的人员，包括各级经理人，如规划计划、人力资源、市场营销、资本运营、财务审计、生产管理、法律事务、质量安全环保、行政管理等部门经理、主管等。

示例：

性别构成		
	全体员工	管理团队
男/女（%）	65.5/34.5	100/0

——《华润置地 2014 年社会责任报告》(P75)

扩展指标　S2.13 少数民族或其他种族员工比例

指标解读： 该指标主要指公司内部正式员工中少数民族或其他种族员工所占比例。

扩展指标　S2.14 残疾人雇佣率或雇佣人数

指标解读： 根据《中华人民共和国就业促进法》规定，"国家保障残疾人的劳动权利，用人单位招用人员，不得歧视残疾人"。

示例：

	2012 年	2013 年	2014 年
残疾人雇佣人数（人）	6	6	7

——《华润置地 2014 年社会责任报告》(P71)

4. 职业健康与安全

扩展指标　S2.15 职业健康与安全委员会中员工的占比

指标解读： 职业健康与安全（管理）委员会是企业中对员工职业健康与安全进行管理的最高机构，员工担任委员会成员可以确保员工利益真正得到保障。

核心指标　S2.16 职业安全健康培训

指标解读： 职业安全健康培训主要指企业针对员工开展的关于职业安全健康知识、预防等内容的培训。

示例：

陆续在各地开展质量安全"深耕活动"系列培训及"安全生产月"活动，通过自查自纠自身问题，培养项目管理人员质量安全意识，使质量意识深入人心。

——《中国海外发展有限公司 2014 年社会责任报告》(P26)

扩展指标 S2.17 工伤预防制度和措施

指标解读：工伤预防指事先防范职业伤亡事故以及职业病的发生，减少事故及职业病的隐患，改善和创造有利于健康的、安全的生产环境和工作条件，保护劳动者在生产、工作环境中的安全和健康。

扩展指标 S2.18 员工心理健康制度/措施

指标解读：心理健康是员工健康的重要方面，企业有责任营造和谐的氛围，帮助员工维持心理健康。

核心指标 S2.19 体检及健康档案覆盖率

指标解读：本指标指企业正式员工中年度体检的覆盖率和职业健康档案的覆盖率。

示例：

依照公司相关员工福利政策，本公司每年定期组织所有员工进行年度常规体检，促进员工身心健康。

——《中国海外发展有限公司 2014 年社会责任报告》(P42)

5. 员工发展

核心指标 S2.20 员工职业发展通道

指标解读：职业通道指一个员工的职业发展计划，职业通道模式主要分三类：单通道模式、双通道模式、多通道模式。按职业性质又可分为管理类、技术类、研发类职业通道。

示例：

公司推行管理序列和专业序列的双轨制发展路径，通过带岗人制度、轮岗制度、内部人才流动、关键岗位职业生涯规划、领导力建设等政策与措施支持员工成为行业内优秀、有影响力的高级管理人才和专业人才。公司60%以上的高级管理人员都是从毕业生直接招聘和社招后培养成才的。

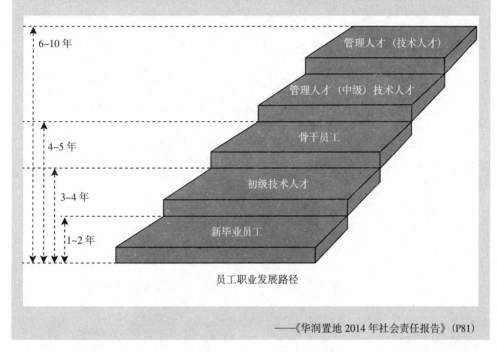

——《华润置地2014年社会责任报告》(P81)

核心指标　**S2.21 员工培训体系**

指标解读： 员工培训体系指在企业内部建立一个系统的、与企业的发展以及员工个人成长相配套的培训管理体系、培训课程体系、培训师资体系以及培训实施体系。

示例：

华润置地坚持人才战略承接业务战略理念、以"务实，与业务结合"为导向，统筹健全培训体系，以"培训信息化"、"电子学习"、"内部讲师发展"三大平台，开展以培养管理人才、提高领导能力为目的的高、中、基层领导力项目；以总结贯彻专业管理之道、提高组织能力为目的的专业管理之道项目；以系统培养后备人才、提高通用职业技能为目的的新员工及通用技能项目。

华润置地内部培训									外派培训
类型		发展重点					匹配项目		学习重点
华润文化宣贯	领导力培训	高层领导力培训					高级经理人班	置地70班	专业资格认证　专业技术提升　国家行业要求
		中层领导力培训					中层领导力班	总部中层班	
		基层领导力培训					新经理训练营	基干班	
	专业培训	地产价值链各专业职能高层业务管理能力					管理之道研修班	工程管理之道	
		工程	设计	商业	财务	人力	中层专业管理能力	业务高级研修班	产品管理之道	
		地产价值链各专业基层专业业务能力					专业技能研修班	商业管理之道	
	员工发展培训	员工职业发展					专业任职资格班	工程通道	
		员工通用技能					员工课堂	设计通道	
		校招新员工岗前封闭培训		社会招募新员工岗位前培训			未来之星训练营	总部课堂	
	管理支持平台	讲师、课程、案例管理平台					内部认证		
		电子移动学习平台					华润文化、管理、专业、通用课程/案例开发		
		培训管理系统					E-learning/M-learning 平台		

——《华润置地 2014 年社会责任报告》（P83）

核心指标　S2.22 员工培训绩效

指标解读：本指标主要包括人均培训投入、人均培训时间等培训绩效数据。

示例：

2014 年，中海地产开展培训课程累计 2987 门，累计参与人数 20888 人次，员工自主进行网络学习课程累计 11270 门次，累计在线学习时长逾 21025 小时，人均在线学习课程 21 门次。

——《中国海外发展有限公司 2014 年社会责任报告》（P38）

6. 员工关爱

核心指标 S2.23 困难员工帮扶投入

指标解读：本指标主要指企业在帮扶困难员工方面的政策措施以及资金投入。

示例：

2014 年，华润置地基层员工关爱基金帮扶重大疾病员工 6 人，帮扶生活困难员工 124 人，帮扶金额 99 万元人民币。

——《华润置地 2014 年社会责任报告》(P88)

扩展指标 S2.24 为特殊人群提供特殊保护

指标解读：本指标主要指企业为孕妇、哺乳妇女等特殊人群提供的保护设施、保护措施以及特殊福利待遇。

示例：

根据国家及地方政府相关规定，女职工依法享受产前检查假、产假、哺乳假，男员工在配偶休产假期间依法享受陪护假等。

——《华润置地 2013 年社会责任报告》(P42)

扩展指标 S2.25 确保工作生活平衡的制度和措施

指标解读：工作生活平衡，又称工作家庭平衡，是指企业帮助员工认识和正确看待家庭同工作间的关系，调和工作和家庭的矛盾，缓解由于工作家庭关系失衡而给员工造成的压力。

示例：

中国海外发展于 1992 年成立了员工联谊会。通过文娱、体育、讲座、联欢等丰富多彩的形式，增进各级员工的沟通交流。随着本公司在各城市业务布局的推进，联谊会亦在所到之处落地，并成为丰富员工业余文化生活、增强员工归属感与凝聚力的重要纽带。

——《中国海外发展有限公司 2014 年社会责任报告》(P43)

核心指标　S2.26 员工满意度

指标解读：本指标主要描述企业开展员工满意度调查的过程以及员工满意度调查结果。

示例：

为更好提升公司管理水平、发扬民主精神，中国海外发展自 2008 年起依托公司内网平台正式开展员工满意度调查。该调查面向公司全体员工，员工参与率逐年提高，满意度分值逐年提升。

员工满意度调查分为总体满意度、工作环境满意度、工作氛围满意度、工作回报满意度、工作状态满意度五大模块，共 48 项指标。公司通过整理基础数据，重点分析公司治理、人力资源管理等指标，并撰写年度满意度分析报告，明确下一阶段公司经营管理及人力资源工作优化重点。同时，该项调研还设置开放性问题，结合年度员工座谈会，邀请员工为公司发展献策献计。每年初征集公司员工对企业发展的意见建议，汇总整理后下发到各相关单位跟进落实，并及时向员工反馈落实情况。

——《中国海外发展有限公司 2014 年社会责任报告》(P41)

核心指标　S2.27 员工流失率

指标解读：员工年度流失率=年度离职人员总数/(年初员工总数+年度入职人员总数)×100%

示例：

员工流失率	
业　态	离职率
开发系统	20.3%

——《华润置地 2014 年社会责任报告》(P76)

（三）安全生产（S3）

1. 安全生产管理

核心指标　S3.1 安全生产管理体系

指标解读：本指标主要描述企业建立安全生产组织体系、制定和实施安全生产制度、采取有效防护措施等，以确保员工安全的制度和措施。

> **示例：**
>
> 华润置地总部共有 35 个 EHS 管理体系文件，2014 年新增、修订《华润置地EHS 管理体系建设指引（2014 版）》等 6 个安全生产体系文件。下属北京、上海等 9 个大区均已构建运行 EHS 管理体系。
>
> ——《华润置地 2014 年社会责任报告》(P85)

核心指标　S3.2 对承包商安全管理的政策、制度及措施

指标解读： 企业为加强对承包商的安全、环保监督管理，对承包商的安全和环境行为进行管理和控制，制定相关的政策、制度，采取措施预防承包商事故的发生。

> **示例：**
>
> 公司作为负责任及注重产品品质的房地产开发商，积极推动业务合作单位，尤其是承建商、分包商于在建项目现场的职业健康及安全管理，通过严格的安全检查、教育培训、第三方安全风险评估等举措，确保各项目安全文明施工。
>
> ——《中国海外发展有限公司 2014 年社会责任报告》(P42)

核心指标　S3.3 隐患排查治理体系

指标解读： 政府按隐患的严重程度和类型，对企业开展分级分类管理，并编制全行业的隐患排查治理标准。企业依据隐患排查治理标准对生产经营过程中存在的隐患进行主动排查，并对发现的隐患实施治理。

> **示例：**
>
> 2014 年度工程管理公司总部共对地区公司进行 44 次检查，对存在的施工安全隐患及时发布预警通报、安全提示并跟进落实整改。其中，北京老古城项目、苏州山湖一号、长沙中海国际社区、深圳当代艺术馆、深圳城市规划展览馆、广州中海云麓公馆、广州中海花城湾 7 个项目荣获市级以上的安

全文明工地及优质工程奖项。

——《中国海外发展有限公司 2014 年社会责任报告》(P25)

核心指标　　S3.4 安全应急管理机制

　　指标解读：本指标主要描述企业在建立应急管理组织、规范应急处理流程、制定应急预案、开展应急演练等方面的制度和措施；加强信息安全管理，保证客户资料、销售数据及公司财务数据等重要信息的数据安全。

　　示例：

　　华润置地形成总部—大区—城市公司—基层单位四级 EHS 事故事件应急救援体系。2014 年共开展 636 次实战应急演练，员工参与 28929 人次。其中消防演练 203 次，电梯伤（困）人演练 87 次，深基坑坍塌演练 14 次，高处坠落演练 35 次，防触电演练 26 次，防汛演练 66 次，治安事件演练 82 次，高空抛物演练 16 次，其他演练 107 次。

——《华润置地 2014 年社会责任报告》(P86)

2. 安全教育与培训

核心指标　　S3.5 安全教育与培训

　　指标解读：安全培训指以提高安全监管监察人员、生产经营单位从业人员和从事安全生产工作的相关人员的安全素质为目的的教育培训活动。

　　示例：

　　公司除了开展专业线各项培训之外，还充分利用各种资源，组织各下属单位开展了形式多样的安全宣传培训活动。一是根据自身实际情况制作宣传窗、宣传墙，开展知识竞猜，发放安全知识手册和纪念品，大力宣传安全生产，营造企业安全文化氛围；二是以"安全生产月"为契机，积极组织安全教育培训与讲座，丰富全员安全知识，提升自我保护意识。通过开展各类安全活动，增强了安全意识，进一步落实了安全责任，为今后更好地开展安全生产管理工作打下了坚实的基础。

——《中粮地产（集团）股份有限公司 2014 年社会责任报告》(P30)

核心指标 **S3.6 安全培训绩效**

指标解读：本指标主要包括安全培训覆盖面、培训次数等数据。

示例：

华润置地层层分解、落实安全生产责任，2014 年共签订 6678 份安全生产责任书；加强安全组织建设，共配备 192 名专职安全管理人员；重视 EHS 教育培训，2014 年共组织 EHS 培训 1830 次，员工参与 36484 人次，相关方员工参与 77.155 人次。

——《华润置地 2014 年社会责任报告》(P85)

3. 安全生产绩效

核心指标 **S3.7 生产安全事故数**

指标解读：本指标指生产安全事故数量，以及造成的人员伤亡或者直接经济损失。

示例：

指　标	数值
工伤事故频率（%）	0.12

——《华润置地 2014 年社会责任报告》(P84)

核心指标 **S3.8 员工伤亡人数**

指标解读：本指标主要包括员工工伤人数、员工死亡人数等数据。

示例：

指　标	数值
千人死亡率（%）	0.00
千人重伤率（%）	0.00
百万平方米房屋建筑死亡率（%）	0.00

——《华润置地 2014 年社会责任报告》(P84)

(四) 社区责任 (S4)

社区责任主要包括本地化运营、公益慈善以及志愿者活动三个主要方面。

1. 本地化运营

扩展指标　S4.1 建设绿色社区的措施和行动

指标解读：本指标指企业建立环境管理和监督体系，通过合理规划，美化社区环境，提高绿化覆盖率。

示例：

2014 年 6 月，物业公司在重庆国际社区举办环保创意市集活动，现场集聚了环保创意商品区、废旧玩具与书籍等物物交换区、环保物品手工制作区、环保创意屋等多个环保体验互动环节，引导业主立足日常生活进行环保公益实践。

——《中国海外发展有限公司 2014 年社会责任报告》(P51)

核心指标　S4.2 评估企业进入或退出社区时对社区环境和社会的影响

指标解读：企业在新进入或退出社区时，除进行纯商业分析之外，还应该预先进行社区环境和社会影响评价与分析，积极采纳当地政府、企业和居民的合理化建议。

扩展指标　S4.3 社区代表参与项目建设或开发的机制

指标解读：企业新建项目时需建立与社区代表的定期沟通交流等机制，让社区代表参与项目建设与开发。

扩展指标　S4.4 尊重、保护社区的文化传统和遗产

指标解读：本指标指采取措施尊重、保护社区的文化传统和遗产，主要包括建立科学的管理机制、加大资金投入、采取科学的开采建设方式和项目规划设计、制定重点历史文化建筑保留方案等。

示例：

华润置地在华润城项目建设过程中，将深圳大冲石、大榕树、大王古庙、郑氏宗祠等都完整保留了下来，这些承载大冲文化和记忆的景物在新的

华润城里得到传承及延续。为了更好地保护和重建古建筑，华润置地组织村民代表专门对大王古庙、郑氏宗祠的保护性重建方案进行专家论证，多次对周边的类似建筑进行考察和参观，并聘请专业文物研究机构参与保护和重建工作。

——《华润置地 2014 年社会责任报告》（P107）

扩展指标　S4.5 开发或支持运营所在社区中的具有社会效益的项目

指标解读： 企业可通过支持社区成员创业、与社区成员共享企业的福利设施等形式，促进运营所在社区的经济社会发展。

示例：

四川绵竹市遵道学校创办于 1919 年，是当地唯一的现代教育机构。2008 年汶川地震中，遵道学校教学楼严重垮塌，成为无法使用的危房。在 2008 年 5 月至 12 月，万科在遵道学校初中部校舍原址处积极捐建教学楼，使其成为当地灾区第一个搬出板房的学校。遵道学校的建筑采用橡胶隔震支座、抗震轻钢墙体、阻尼器等先进的技术手段，总建筑面积达 9649 平方米，可满足 1600 名师生的教学需要，并可在灾害发生时满足约 3000 人的临时避难需要。遵道学校内还设有隔震技术展示厅。

——《万科企业股份有限公司 2014 年企业社会责任报告》（P54）

核心指标　S4.6 员工本地化政策

指标解读： 员工本地化指企业在运营过程中应优先雇佣所在地劳动力。其中，员工本地化最重要的是管理层（尤其是高级管理层）本地化。

扩展指标　S4.7 本地化雇佣比例

指标解读： 本指标主要指本地员工占运营所在地机构员工的比例。

扩展指标　S4.8 按主要运营地划分，在高层管理者中本地人员的比率

指标解读： 本指标主要指运营所在地机构中高层管理者的本地化比例。

扩展指标　S4.9 本地化采购政策和措施

指标解读： 本指标指企业在运营过程中应优先采购运营所在地供应商商品。

2. 公益慈善

核心指标　**S4.10 企业公益方针或主要公益领域**

指标解读： 本指标主要指企业的社会公益政策以及主要的公益投放领域。

> **示例：**
>
> 以社区建设、青少年教育及慈善捐赠三个领域的工作为重点。
>
> ——《中国海外发展有限公司 2014 年社会责任报告》(P45)

扩展指标　**S4.11 企业公益基金/基金会**

指标解读： 本指标主要描述企业成立的公益基金/基金会，以及公益基金/基金会的宗旨和运营领域。

> **示例：**
>
> 中国海外发展在企业社会责任战略指引下，坚持制度化、公司化运作，先后注册成立"中国海外爱心基金会有限公司"、"海无涯　爱无疆"公益品牌，制定了企业社会责任中长期发展规划的同时，也勾画了公司的可持续发展蓝图。
>
> ——《中国海外发展有限公司 2014 年社会责任报告》(P45)

扩展指标　**S4.12 海外公益**

指标解读： 本指标主要指企业在中国大陆之外开展的公益活动和企业向中国大陆以外地区的捐赠等。

> **示例：**
>
> 2014 年 3~7 月，公司与香港公益组织联合发起的"中国海外 & 亲切"两地学生艺术创作交流计划——"童梦·同想"儿童拼贴画大赛在全国展开，吸引来自香港主流小学、特殊学校、内地中国海外希望小学和中海各社区的近 1700 名儿童参与，跨越地域、种族及能力，展示儿童艺术创作的无界限，期间共举办 56 场艺术工作坊，以"探险"、"毅力"和"贡献"为题，并利用六角形拼贴画集体创作出 133 件艺术作品，当中 41 件作品于 7 月 3~6 日在

香港视觉艺术中心展览厅圆满展出。

——《中国海外发展有限公司2014年社会责任报告》(P47)

核心指标 S4.13 捐赠总额

指标解读: 本指标主要指企业年度资金捐助以及年度物资捐助总额。

示例:

2014年,华润置地持续开展各类慈善公益活动,累计捐赠724.7万元。

——《华润置地2014年社会责任报告》(P105)

3. 志愿者活动

核心指标 S4.14 企业支持志愿者活动的政策、措施

指标解读: 志愿服务指不以获得报酬为目的,自愿奉献时间和智力、体力、技能等,帮助他人、服务社会的公益行为。

示例:

公司全面打造党员志愿者精品服务平台,2014年初,公司启动"爱满鹏城,情系你我"党员志愿服务系列活动,推动党员志愿者服务工作向常态化、制度化、长效化转变,该项目已被选为深圳市直机关工委系统基层党建"书记项目"的重点项目;公司不断加强文化阵地建设,建立了"全国模范职工之家"、"全国优秀青年中心"、"全国青年文明社区"等一批国家级先进活动阵地,进一步巩固内网专栏、企业文化微博、公司宣传栏等宣传阵地。

——《中粮地产(集团)股份有限公司2014年社会责任报告》(P35)

扩展指标 S4.15 员工志愿者活动绩效

指标解读: 本指标主要指志愿者活动的时间、人次等数据。其中,志愿者服务时间指志愿者实际提供志愿服务的时间,以小时为计量单位,不包括往返交通时间。

五、环境绩效（E系列）

环境绩效主要描述企业在节能减排、保护环境方面的责任贡献，主要包括环境管理、绿色办公、资源管理、降污减排和绿色生态五大板块。环境管理主要描述企业的环境管理理念、制度、措施以及管理方针，是企业履行环境责任的制度保障；绿色办公主要描述企业在办公过程中的环保措施与绩效；资源管理是人类社会可持续发展的基础，资源管理板块主要描述企业在资源管理方面的理念、制度、措施和绩效；降污减排主要描述企业在减少自身运营对环境负面影响方面的理念、制度、措施和绩效；绿色生态主要描述企业对自然生态环境的保护理念、制度以及具体行动等。

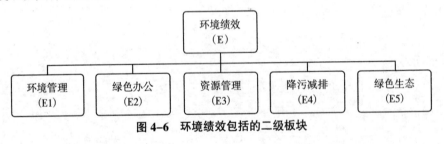

图 4-6　环境绩效包括的二级板块

（一）环境管理（E1）

环境管理主要包括环境管理制度体系、环保技术以及环保培训与传播。

1. 环境管理制度体系

核心指标　E1.1 建立环境管理组织和制度体系

指标解读：本指标指企业应建立环境管理组织负责公司的环境管理工作，并制定相应计划、执行、检查、改进等环境管理制度。

> **示例：**
> 华润置地总部不断建立健全环境保护与节能减排指标体系、监测体系和考核体系，指导和规范大区开展日常节能减排管理工作。
> ——《华润置地 2014 年社会责任报告》（P93）

扩展指标　E1.2 参与或加入的环保组织或倡议

指标解读： 本指标包括两方面的内容，企业加入的环保组织和企业参与的环保倡议。

示例：

2012 年我们与《第一财经日报》联合发起公益性组织"绿色企业联盟"，联合跨行业的绿色品牌企业，借助其所在领域的资源平台推进绿色环保，首批成员单位包括 IBM、兴业银行、深圳航空等 6 家企业。2014 年，该联盟单位扩展到 13 家，在更大范围内形成了绿色企业战略共识。

——《2014 年招商地产企业社会责任报告》（P28）

扩展指标　E1.3 环保总投入

指标解读： 本指标指年度投入环境保护的资金总额。

示例：

	2012 年	2013 年	2014 年
环保总投入（万元）	472.28	2424.8	4344.58

——《华润置地 2014 年社会责任报告》（P71）

核心指标　E1.4 新建项目环境评估制度

指标解读： 根据《中华人民共和国环境影响评价法》，环境影响评估是指对新规划和建设项目实施后可能造成的环境影响进行分析、预测和评估，在此基础上提出预防或者减轻不良环境影响的对策和措施以及进行跟踪监测的方法与制度。

示例：

2014 年，华润置地共新开工 66 个项目，均按照当地政府要求开展了项目环境影响评价，并获得当地环保部门批复，新建项目环评达标率 100%。

——《华润置地 2014 年社会责任报告》（P94）

2. 环保技术

核心指标　E1.5 环保技术的应用

指标解读： 本指标指企业通过增加资金投入和技术，支持环保技术和设备的研发，并在生产中加以应用。

示例：

本公司结合国内外先进技术案例及公司多年的住宅开发实践，并对公司过往在全国各地的绿色建筑项目开发实践中积累的技术经验进行广泛及深入的优选，从具体绿色建筑技术的可实施性、可推广性、贴近项目属地地域特性及运营价值等多角度出发，重点关注多项技术共同作用下的综合集成与整体提升效果，共优选出 28 项绿色技术，真正创造一个绿色化特征明确，全生命周期中环保、节能、舒适、科技化的理想居住区。

技术体系		28 项主要实施技术	
低碳	基础	外围护结构保温体系	地源热泵系统
		墙面立体绿化	节水器具
		电动百叶外遮阳	高效灌溉系统
		光导照明系统	雨水回用系统
		新风全热回收系统	废固再生建材
		太阳能光热系统	整体卫生间
	示范	电致变色玻璃	太阳能路灯
		隔声通风窗	自洁净水体
		LED 照明	新型复合塑木地板
		太阳能光伏发电系统	预制装配施工
健康	基础	透水钢渣砖	
	示范	调温瓷砖	
智能	基础	管理监控系统	
		通信网络系统	
		安全防范系统	
	示范	智能围护结构	
		设备自控系统	
		智能家居平台	

——《中国海外发展有限公司 2014 年社会责任报告》(P55)

扩展指标　E1.6 环保节能建筑的研究与开发

指标解读： 环保节能房指在房屋建筑设计、施工过程中选择节能建筑材料和技术。企业应加大力度研究和开发环保节能房，降低能源消耗，保护环境。

示例：

项目早在规划设计初，就围绕绿色建筑概念形成相应的技术架构，结合项目实际特点构建了"低碳、健康、智能"三大技术体系，并相辅相成。

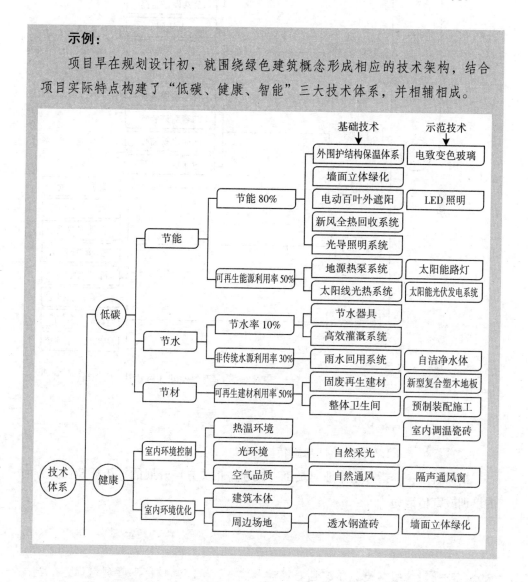

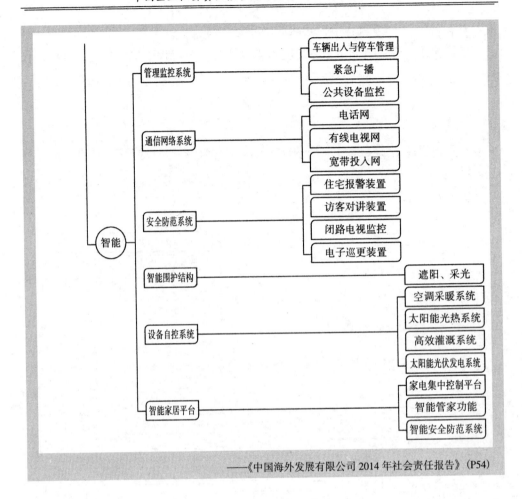

——《中国海外发展有限公司 2014 年社会责任报告》(P54)

3. 环保培训与传播

核心指标 E1.7 环保培训与宣传

指标解读：本指标指企业对员工（或利益相关方）开展的关于环境保护方面的培训或宣传活动。

示例：

华润置地组织进行了绿色建筑知识培训、节能减排信息管理培训、节能改造经验分享、商业物业管理人员节能培训、新员工安全环保培训等，培训达 640 人次。

——《华润置地 2014 年社会责任报告》(P95)

核心指标 E1.8 环保公益

指标解读：环保公益指企业出人、出物或出钱赞助和支持某项环保公益事业的活动。

示例：

华润置地积极参与地球一小时、绿色出行等环保公益活动，以实际行动在公司内外传递节能环保的理念，培育绿色未来。

——《华润置地 2014 年社会责任报告》(P95)

（二）绿色办公（E2）

核心指标 E2.1 绿色办公措施及成效

指标解读：本指标指在办公活动中节约资源、采取可回收用品的措施及效果。

示例：

2014 年，华润置地对 OA 系统审批时效进行优化提升，实现了所有单位统一工作平台。全年平均审批时长由 2013 年的 10 小时缩短至 2 小时。

——《华润置地 2014 年社会责任报告》(P102)

扩展指标 E2.2 数字化办公减少的差旅次数

指标解读：本指标指企业通过视频会议、电话会议等形式减少公务旅行，进而减少能源消耗。

示例：

2014 年，华润置地视频会议终端规模突破 100 套，覆盖率 100%；视频会议管理系统正式上线以来，视频终端多达 157 台，其中硬件 104 台、软件 53 台。截至 2014 年，视频会议总会议量已达到 5804 场。截至 2014 年底，华润置地共节省差旅费 4759 万元。

——《华润置地 2014 年社会责任报告》(P102)

扩展指标 E2.3 绿色建筑评级情况及绿色建筑占比

指标解读：本指标指企业报告期内获得国际/国内认可的绿色建筑评级情况，或获得国际/国内评级认定的绿色建筑数量在总开发项目数量中的占比。绿色建筑指在建筑的全寿命周期内，最大限度地节约资源（节能、节地、节水、节材）、保护环境和减少污染，为人们提供健康、适用和高效的使用空间，与自然和谐共生。绿色建筑的相关评价标准参考《绿色建筑评价标准》（GB/T50378-2006）和《绿色建筑评价技术细则（试行）》（建科（2007）205 号）等。

示例：

从 2011 年 1 月至 2014 年底，华润置地共有 21 个项目获得绿色建筑认证证书，其中国家级绿色建筑三星项目 1 个，国家级绿色建筑二星项目 4 个，国家级绿色建筑一星项目 7 个，地方级绿色建筑一星项目 1 个，美国 LEED 金奖认证 8 个。

2014 年，华润置地新增通过绿色建筑认证并获取证书的住宅项目 4 个，总计建筑面积为 126.76 万平方米；新增通过绿色建筑认证并获取证书的公建项目 4 个，总计建筑面积为 54.5 万平方米。

——《华润置地 2014 年社会责任报告》（P100）

（三）资源管理（E3）

资源管理主要描述企业在节约资源能源、循环经济、绿色建材应用等方面的理念、制度、措施和绩效。

1. 节约资源能源

核心指标 E3.1 节约资源能源的制度与措施

指标解读：节约能源指通过加强用能管理，从能源生产到消费的各个环节，降低消耗、减少损失和污染物排放、制止浪费，有效、合理地利用能源。

示例：

序号	2014 年新增节能体系文件
1	华润置地商业综合体能耗、能效平台设计及实施指引（1.0 版）
2	华润置地节能减排管理规定（2014 版）
3	华润置地 EHS 管理体系维护指引（2014 版）
4	华润置地绿建技术标准

——《华润置地 2014 年社会责任报告》（P93）

扩展指标 E3.2 支持可再生能源开发的制度与措施

指标解读：可再生能源指风能、太阳能、水能、生物质能、地热能、海洋能等连续、可再生的非化石能源。

示例：

分体承压式太阳能热水系统是将集热器与储热水箱分开放置，集热面积 4 平方米，储热水箱容积 200L。储热水箱摆放位置灵活，集热器与建筑屋顶造型可实现一体化设计，以吸收太阳光得到的热量加热工作介质，加热后的工作介质循环进入储水箱内的盘管，与盘管外的水进行热交换，从而加热储水箱内的水，供厨房和卫生间使用。

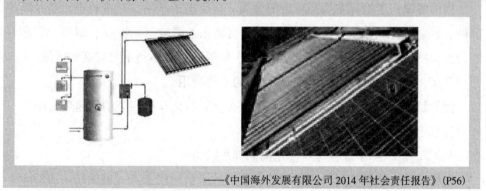

——《中国海外发展有限公司 2014 年社会责任报告》（P56）

核心指标 E3.3 节约土地资源的措施

指标解读：节约土地资源的措施主要包括但不限于科学规划用地、改善规范用地结构、提高土地利用率等。

示例：

节地设计：合理布局绿地及植物群落，优化建筑密度与朝向，创新地下车库设计。

——《中国海外发展有限公司 2012 年社会责任报告》（P58）

2. 循环经济

扩展指标　E3.4 支持循环经济的制度、技术与措施

指标解读： 根据《中华人民共和国循环经济促进法》（2008 年颁布）规定，循环经济指在生产、流通和消费等过程中进行的减量化、再利用、资源化活动的总称。

示例：

华润置地所属励致家私将污水处理站处理的生产废水回收用于绿化及生产车间循环用水，本年度循环用水近 19.000 立方米。

——《华润置地 2014 年社会责任报告》（P99）

扩展指标　E3.5 废弃材料循环利用的制度与措施

指标解读： 本指标主要指对废旧金属、报废电子产品、报废机电设备及其零部件、废造纸原料（如废纸、废棉等）、废轻化工原料（如橡胶、塑料、农药包装物、动物杂骨、毛发等）、废玻璃等再生资源进行循环利用的制度和措施。

扩展指标　E3.6 废弃材料循环利用的节约费用

指标解读： 该指标指在建设项目中对废弃材料循环利用节约的建造费用。

3. 绿色建材

核心指标　E3.7 绿色建材使用的制度与措施

指标解读： 绿色建材是指采用清洁生产技术、使用工业或城市固态废物生产的无毒害、无污染、有利于环境保护和人体健康的建筑材料。

示例：

环保原则：购物环境内的有害气体、超标辐射等污染一般都是由装修材料造成的，其已经成为公共区域污染的一个主要方面。要选择通过国家环保

认证的建材，严禁使用国家已明令禁止的或淘汰的建材。

实用原则：装饰材料并不是越高档越好，应和使用功能结合起来，以实用为根本。装饰材料不应该仅考虑装饰效果，还应该考虑其对购物环境条件的改善。

创新原则：要求租户在商业空间材料的选择上突出创新，选择一些新型、突破常规的材料，既可凸显设计的现代和超前，又可彰显品牌个性。

——《华润置地 2013 年社会责任报告》（P56）

扩展指标　E3.8 绿色建材使用率

指标解读： 本指标指企业在建造房屋时使用的绿色建筑材料的百分比。

（四）降污减排（E4）

核心指标　E4.1 废气、废水、废弃物管理的制度及措施

指标解读： 一般情况下，企业生产废气主要包括二氧化硫（SO_2）、二氧化氮（NO_2）、可吸入颗粒物（PM10）、大气细颗粒物（PM2.5）等。废水主要指报告期内企业产生的生活污水以及生产废水。废弃物主要是企业生产过程中形成的固体废弃物。

示例：

● 工程前完成工地排水和废水处理设施建设，做到现场无积水，排水不外溢、不堵塞，排放水质达标。

● 施工废水经处理后回收利用。

——《2014 年招商地产企业社会责任报告》（P22）

核心指标　E4.2 废气、废水、废弃物排放量及减排量

指标解读： 本指标主要指报告期内企业的废气、废水和固体废弃物的排放量及减排量。

示例：

海南万宁石梅湾污水处理厂总占地面积 19980 平方米（30 亩），厂区分

两期建设，一期处理 5000 吨/日，二期再增加建设 5000 吨/日。最终处理规模达到 10000 吨/日。设计进水水质为市政污水处理厂进水标准，出水达到国家杂用水标准。

——《华润置地 2013 年社会责任报告》（P60）

核心指标 E4.3 噪音污染控制的制度及措施

指标解读：本指标指依照相应的法律或规定，根据噪音控制费用、噪音容许标准、劳动生产效率等有关因素综合分析，采取相应措施控制噪音污染。

示例：

在建项目合理安排施工计划和施工机械设备的组合，避免夜间（22:00~06:00）施工；选择低噪音设备，为高噪音设备配置消声器等；在局部声环境敏感处设置临时性声屏障。

——《华润置地 2014 年社会责任报告》（P99）

扩展指标 E4.4 光污染控制的制度及措施

指标解读：光污染控制指在规划和建设城市建筑和照明系统时，对损害人身心健康的人工光源进行有效防控。建立相关的制度，采取相应措施，完善我国的光污染控制管理体系。

核心指标 E4.5 减少温室气体排放的制度和措施

指标解读：企业积极应对气候变化的措施有控制温室气体排放、推广节能技术和节能产品，使用可再生能源，提高资源综合利用效率等。

示例：

气候变化问题已成为全人类共同面临的挑战。作为国内第一个推行绿色地产的企业，公司多年来持续推进节能减排工作，将科学的碳排放测算作为自身应对气候变化的重要抓手，通过持续的监测和管理，尽可能降低自身运营对环境的影响。

——《2014 年招商地产企业社会责任报告》（P29）

核心指标　E4.6 温室气体排放量及减排量

指标解读: 关于温室气体的核算,可参考 ISO14064 温室气体排放核算、验证标准。

示例:

CO_2 排放总量 8.71 万吨。

——《2014 年招商地产企业社会责任报告》(P29)

扩展指标　E4.7 开发项目的节能环保措施

指标解读: 本指标指企业推广使用节能技术和节能产品,使用可再生能源,提高资源综合利用效率等。

(五) 绿色生态 (E5)

扩展指标　E5.1 保护生物多样性的制度和措施

指标解读: 根据《生物多样性公约》,"生物多样性"指所有来源的活的生物体中的多样性,这些来源包括陆地、海洋和其他水生生态系统及其所构成的生态综合体;也包括物种内、物种之间和生态系统的多样性。

一般而言,在涉及生物多样性保护项目中,组织可采取以下两种方式保护生物多样性。

就地保护是指为了保护生物多样性,把包含保护对象在内的一定面积的陆地或水体划分出来,进行保护和管理。就地保护的对象,主要包括有代表性的自然生态系统和珍稀濒危动植物的天然集中分布区等。就地保护是生物多样性保护中最为有效的一项措施。

迁地保护是指为了保护生物多样性,把因生存条件不复存在、物种数量极少或难以找到配偶等原因,而生存和繁衍受到严重威胁的物种迁出原地,移入动物园、植物园、水族馆和濒危动物繁殖中心,进行特殊的保护和管理,是对就地保护的补充。迁地保护的最高目标是建立野生群落。

示例:

华润置地在项目开发中遵循"适地适树"的原则,根据各城市不同的环

境气候差异，选择适合本地生长的园林景观苗木树种，选择所在城市的本区域原生品种，减少外来异地树种的使用，尽量保留地块原生树木。每个项目中保证有三十至四十个苗木品种，从大乔木、中小乔木到大灌木、小灌木及花灌木、地被、草本植物、花境草坪等。

——《华润置地 2014 年社会责任报告》（P103）

核心指标 **E5.2 当年销售项目平均绿地率**

指标解读：企业本年内销售的项目绿化占地占单位总面积的百分比。

核心指标 **E5.3 工程建设中生态恢复与治理的措施**

指标解读：生态恢复指对生态系统停止人为干扰，以减轻负荷压力，依靠生态系统的自我调节能力与自我组织能力使其向有序的方向进行演化，或者利用生态系统的这种自我恢复能力，辅以人工措施，使遭到破坏的生态系统逐步恢复或使生态系统向良性循环方向发展。生态恢复的目标是创造良好的条件，促进一个群落发展成为由当地物种组成的完整生态系统，或为当地的各种动物提供相应的栖息环境。

示例：

对施工期间因植被损坏而造成裸土的地块，及时覆盖砂石或种植速生草种，以减少土壤侵蚀。施工结束后，再恢复其原有植被或进行合理绿化。

——《中国海外发展有限公司 2013 年社会责任报告》（P59）

扩展指标 **E5.4 水土保持制度及措施**

指标解读：水土保持指为防治水土流失危害，保护、改良和合理利用水土资源所采取的预防和治理措施，主要包括工程措施、生物措施和蓄水保土措施。

六、报告后记（A 系列）

报告后记部分主要包括未来计划、报告评价、参考索引、读者反馈四个方面。

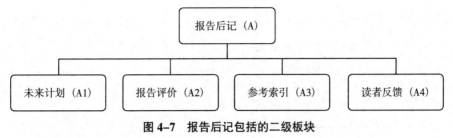

图4-7 报告后记包括的二级板块

（一）未来计划（A1）

本部分主要描述企业对公司社会责任工作四个方面（责任管理、市场绩效、社会绩效和环境绩效）的规划与计划。

示例：

展望2015年，华润置地将坚持业务发展与承担社会责任并重，进一步推进社会责任理念的融入和实践的落地，完善社会责任管理体系，强化社会责任管理，优化社会责任工作，全面提升社会责任能力，与利益相关方一起，共生、共融、共发展，为美好城市生活添彩！

客户方面：在"品质给城市更多改变"的品质理念指导下，华润置地坚持客户导向，以不断提升客户满意为目标，加强科技创新，为客户提供更优质、更安全的产品；提升服务品质，为客户提供更健全、更完善的服务。2015年，公司将进一步加强品质管理和客户服务工作，致力于打造让客户满意的华润置地。

伙伴方面：华润置地的发展与合作伙伴密不可分，因此，公司通过各种方式实现与伙伴之间的资源互补，追求与合作伙伴共赢。2015年，华润置地将更加重视与合作伙伴的关系，建立和完善战略管理平台，加强供应商管理，建设绿色供应链；对供应商负责，积极带动供应商发展，共享华润置地的成长动力。

环境方面：面对当前的环境问题，华润置地倡导绿色低碳理念，在建筑开发和运营中尽可能减少对环境的影响，开发绿色建筑，推行绿色办公，减少资源消耗；在项目开发中重视环境影响，建立完善的环保措施，保护城市生态环境。

员工方面：华润置地重视人才，秉承"以人为本、尊重人的价值"的理念；保障员工基本权益，不断完善员工培训体系，优化员工培训项目，为员工发展创造公平开放的机会和渠道；保障安全施工，健全职业健康管理，关注员工身体健康和心理健康，为员工提供健康安全的工作环境。

社区方面：在自身发展的同时，华润置地不忘与社区共享自身发展成果，与社区共生共长。2015 年，公司将继续践行社会公益，建立健全公益战略和体系，打造华润置地公益品牌，提升公益投入的效果，帮助更多弱势人群；鼓励员工积极参加志愿活动，为社会和谐积极贡献力量。

——《华润置地 2014 年社会责任报告》（P112）

（二）报告评价（A2）

本部分主要描述企业社会责任报告的可信性。报告评价主要有以下四种形式：

● 专家点评：即由社会责任研究专家或行业专家对企业社会责任报告的科学性、可信性以及报告反映的企业社会责任工作信息进行点评。

● 利益相关方评价：即由企业的利益相关方（股东、客户、供应商、员工、合作伙伴等）对企业社会责任报告的科学性、可信性以及报告反映的企业社会责任工作信息进行评价。

● 报告评级：即由"中国企业社会责任报告评级专家委员会"从报告的完整性、实质性、平衡性、可比性、可读性和创新性等方面对报告做出评价，出具评级报告。

● 报告审验：即由专业机构对企业社会责任报告进行审验。

（三）参考索引（A3）

本部分主要描述企业对报告编写参考指南的应用情况，即对报告编写参考指南要求披露的各条信息企业进行披露的情况。

示例:

	指标编号	指标描述	披露位置	披露情况
报告前言	P1.1	报告可靠性保证	封面	完全采用
	P1.2	报告的组织范围	P1	完全采用
	……	……	……	……
责任管理	G1.1	企业理念、愿景、价值观	P…	完全采用
	G1.2	风险、机遇及可持续发展分析	P…	部分采用
	……	……	……	……
市场绩效	M1.1	投资者关系管理体系	P…	完全采用
	M1.2	成长性	P…	完全采用
	……	……	……	……
社会绩效	S1.1	对国家经济、社会和环境政策的实施情况	P…	完全采用
	S1.2	企业纳税总额	P…	完全采用
	……	……	……	……
环境绩效	E1.1	企业环境管理体系	P…	完全采用
	E1.2	对员工进行培训的制度、措施与绩效	P…	部分采用
	……	……	……	……

(四) 读者反馈 (A4)

本部分主要内容为读者意见调查表,以及读者意见反馈的渠道。

示例:

为了持续改进××公司社会责任工作及社会责任报告编写工作,我们特别希望倾听您的意见和建议。请您协助完成意见反馈表中提出的相关问题,并传真到+86-××-×××××××××。您也可以选择通过网络(http: // www.×××.com)回答问题。

1. 报告整体评价(请在相应位置打"√")

选 项	很好	较好	一般	较差	很差
本报告全面、准确地反映了××公司的社会责任工作现状					
本报告对利益相关方所关心的问题进行回应和披露					
本报告披露的信息数据清晰、准确、完整					
本报告的可读性,即报告的逻辑主线、内容设计、语言文字和版式设计					

2. 您认为本报告最让您满意的方面是什么？

3. 您认为还有哪些您需要了解的信息在本报告中没有反映？

4. 您对我们今后的社会责任工作及社会责任报告发布有何建议？

如果方便，请告诉我们关于您的信息：

姓　　名：

职　　业：

机　　构：

联系地址：

邮　　编：

E-mail：

电　　话：

传　　真：

我们的联系方式是：

××公司××部门

中国××省（市）××区××路××号

邮政编码：××××××

电话：+86-××-×××××××

传真：+86-××-×××××××

E-mail：××@××.com

第五章　指标速查

一、行业特征指标体系表（37个）

指标名称	定性指标（●） 定量指标（⊕）	核心指标（★） 扩展指标（☆）
市场绩效（M系列）（13个）		
客户关系管理理念和方针	●	★
确保按合同规定交付房屋的机制	●	★
确保产品质量的制度及措施	●	★
客户风险管理的制度及措施	●	★
全流程客户服务体系	●	★
提供增值服务的措施	●/⊕	★
为客户开展产品和服务知识普及	●	★
客户投诉处理的措施及成效	●/⊕	★
客户信息保护的制度和机制	●/⊕	☆
确保建筑生态宜居性的制度及措施	●	★
责任采购的制度及（或）方针	●	★
供应商/承包商通过质量、环境和职业健康安全管理体系认证的比率	⊕	★
打造责任供应链的机制	●	★
社会绩效（S系列）（10个）		
避免土地闲置的政策及制度	●	☆
参与保障性住房开发	●/⊕	☆
安全生产管理体系	●	★
对承包商安全管理的政策、制度及措施	●	★
隐患排查治理体系	●	★
安全应急管理机制	●	★

续表

指标名称	定性指标（●）	核心指标（★）
	定量指标（⊕）	扩展指标（☆）
安全教育与培训	●/⊕	★
建设绿色社区的措施和行动	●/⊕	☆
评估企业进入或退出社区时对社区环境和社会的影响	●	★
尊重、保护社区的文化传统和遗产	●	☆
环境绩效（E 系列）(14 个)		
环保技术的应用	●	★
环保节能建筑的研究与开发	●	☆
新建项目环境评估制度	●	★
绿色建筑评级情况及绿色建筑占比	●/⊕	☆
支持循环经济的制度、技术与措施	●	☆
节约土地资源的措施	●	★
绿色建材使用的制度与措施	●	★
绿色建材使用率	⊕	☆
当年销售项目平均绿地率	●	★
噪音污染控制的制度及措施	●	★
光污染控制的制度及措施	●	☆
开发项目的节能环保措施	●	☆
工程建设中生态恢复与治理的措施	●/⊕	★
水土保持制度及措施	●	☆

二、核心指标体系表（105 个）

指标名称	定性指标（●）
	定量指标（⊕）
第一部分：报告前言（P 系列）	
(P1) 报告规范	
P1.1 报告信息说明	●
P1.2 报告边界	●
P1.3 报告体系	●
P1.4 联系方式	●
(P2) 报告流程	
P2.1 报告实质性议题选择程序	●

续表

指标名称	定性指标（●） 定量指标（⊕）
（P3）领导致辞	
P3.1 企业履行社会责任的机遇和挑战	●
P3.2 企业年度社会责任工作成绩与不足的概括总结	●
（P4）企业简介	
P4.1 企业名称、所有权性质及总部所在地	●
P4.2 企业主要品牌、产品及服务	●
P4.3 企业运营地域，包括运营企业、附属及合营机构	●
P4.4 按产业、顾客类型和地域划分的服务市场	●/⊕
P4.5 按雇佣合同（正式员工和非正式员工）和性别分别报告从业员工总数	⊕
（P5）年度进展	
P5.1 年度社会责任工作进展	●/⊕
P5.2 年度责任绩效	⊕
P5.3 年度责任荣誉	●
第二部分：责任管理（G系列）	
（G1）责任战略	
G1.1 社会责任理念、愿景、价值观	●
G1.2 辨识企业的核心社会责任议题	●
（G2）责任治理	
G2.1 社会责任组织体系	●
G2.2 企业内部社会责任的职责与分工	●
（G4）责任绩效	
G4.1 企业在经济、社会或环境领域发生的重大事故，受到的影响和处罚以及企业的应对措施	●/⊕
（G5）责任沟通	
G5.1 企业利益相关方名单	●
G5.2 利益相关方的关注点和企业的回应措施	●
G5.3 企业内部社会责任沟通机制	●
G5.4 企业外部社会责任沟通机制	●
G5.5 企业高层领导参与的社会责任沟通与交流活动	●/⊕
（G6）责任能力	
G6.1 通过培训等手段培育负责任的企业文化	●/⊕
第三部分：市场绩效（M系列）	
（M1）股东责任	
M1.1 投资者关系管理制度	●
M1.2 股东参与企业治理的政策和机制	●
M1.3 规范信息披露的制度和措施	●/⊕
M1.4 成长性	⊕

指标名称	定性指标（●） 定量指标（⊕）
M1.5 收益性	⊕
M1.6 安全性	⊕
（M2）客户责任	
M2.1 客户关系管理理念和方针	●
M2.2 合规宣传的制度和措施	●
M2.3 确保按合同规定交付房屋的机制	●
M2.4 客户风险管理的制度及措施	●
M2.5 为客户开展产品和服务知识普及	●
M2.6 确保产品质量的制度及措施	●
M2.7 确保建筑生态宜居性的制度及措施	●
M2.8 科技创新获奖及数量	●/⊕
M2.9 新增专利数量	⊕
M2.10 全流程客户服务体系	●
M2.11 提供增值服务的措施	●/⊕
M2.12 客户投诉处理的措施及成效	●/⊕
M2.13 客户满意调查及满意度	●/⊕
（M3）伙伴责任	
M3.1 责任采购的制度及（或）方针	●
M3.2 战略共享机制及平台	●
M3.3 诚信经营的理念与制度保障	●
M3.4 公平竞争的理念及制度	●
M3.5 识别并描述企业的价值链及责任影响	●
M3.6 供应商/承包商通过质量、环境和职业健康安全管理体系认证的比率	⊕
M3.7 打造责任供应链的机制	●
第四部分：社会绩效（S系列）	
（S1）政府责任	
S1.1 企业守法合规理念和政策	●
S1.2 守法合规培训及绩效	●/⊕
S1.3 反商业贿赂和反腐败的制度和机制	●
S1.4 廉洁风险监督体系建设	●
S1.5 纳税总额	⊕
S1.6 报告期内吸纳就业人数	⊕
（S2）员工责任	
S2.1 劳动合同签订率	⊕
S2.2 民主管理的制度和机制	●
S2.3 按运营地划分的员工最低工资和当地最低工资的比例	⊕

续表

指标名称	定性指标（●） 定量指标（⊕）
S2.4 社会保险覆盖率	⊕
S2.5 女性管理者比例	⊕
S2.6 职业安全健康培训	●/⊕
S2.7 体检及健康档案覆盖率	⊕
S2.8 员工职业发展通道	●
S2.9 员工培训体系	●
S2.10 员工培训绩效	⊕
S2.11 困难员工帮扶投入	⊕
S2.12 员工满意度	●/⊕
S2.13 员工流失率	⊕
（S3）安全生产	
S3.1 安全生产管理体系	●
S3.2 对承包商安全管理的政策、制度及措施	●
S3.3 隐患排查治理体系	●
S3.4 安全应急管理机制	●
S3.5 安全教育与培训	●/⊕
S3.6 安全培训绩效	⊕
S3.7 生产安全事故数	⊕
S3.8 员工伤亡人数	⊕
（S4）社区责任	
S4.1 评估企业进入或退出社区时对社区环境和社会的影响	●
S4.2 员工本地化政策	●
S4.3 企业公益方针或主要公益领域	●
S4.4 捐赠总额	⊕
S4.5 企业支持志愿者活动的政策、措施	●
第五部分：环境绩效（E系列）	
（E1）环境管理	
E1.1 建立环境管理组织和制度体系	●
E1.2 环保总投入	⊕
E1.3 新建项目环境评估制度	●
E1.4 环保技术的应用	●
E1.5 环保培训与宣传	●/⊕
E1.6 环保公益	●
（E2）绿色办公	
E2.1 绿色办公措施及成效	●/⊕
（E3）资源管理	

续表

指标名称	定性指标（●） 定量指标（⊕）
E3.1 节约资源能源的制度与措施	●
E3.2 节约土地资源的措施	●
E3.3 绿色建材使用的制度与措施	●
E3.4 当年销售项目平均绿地率	⊕
（E4）降污减排	
E4.1 废气、废水、废弃物管理的制度及措施	●
E4.2 废气、废水、废弃物排放量及减排量	⊕
E4.3 噪音污染控制的制度及措施	●
E4.4 减少温室气体排放的制度和措施	●
E4.5 温室气体排放量及减排量	⊕
（E5）绿色生态	
E5.1 工程建设中生态恢复与治理的措施	●/⊕
第六部分：报告后记（A 系列）	
（A1）未来计划：公司对社会责任工作的规划	●/⊕
（A2）报告评价：社会责任专家或行业专家、利益相关方或专业机构对报告的评价	●
（A3）参考索引：对本指南要求披露指标的采用情况	●
（A4）读者反馈：读者意见调查表及读者意见反馈渠道	●

三、通用指标体系表（174 个）

指标名称	定性指标（●） 定量指标（⊕）	核心指标（★） 扩展指标（☆）
第一部分：报告前言（P 系列）		
（P1）报告规范		
P1.1 报告质量保证程序	●	☆
P1.2 报告信息说明	●	★
P1.3 报告边界	●	★
P1.4 报告体系	●	★
P1.5 联系方式	●	★
（P2）报告流程		
P2.1 报告编写流程	●	☆
P2.2 报告实质性议题选择程序	●	★
P2.3 利益相关方参与报告编写过程的程序和方式	●	☆

续表

指标名称	定性指标（●） 定量指标（⊕）	核心指标（★） 扩展指标（☆）
（P3）领导致辞		
P3.1 企业履行社会责任的机遇和挑战	●	★
P3.2 企业年度社会责任工作成绩与不足的概括总结	●	★
（P4）企业简介		
P4.1 企业名称、所有权性质及总部所在地	●	★
P4.2 企业主要品牌、产品及服务	●	★
P4.3 企业运营地域，包括运营企业、附属及合营机构	●	★
P4.4 按产业、顾客类型和地域划分的服务市场	●/⊕	★
P4.5 按雇佣合同（正式员工和非正式员工）和性别分别报告从业员工总数	⊕	★
P4.6 列举企业在协会、国家组织或国际组织中的会员资格或其他身份	●	☆
P4.7 报告期内关于组织规模、结构、所有权或供应链的重大变化	●	☆
（P5）年度进展		
P5.1 年度社会责任工作进展	●/⊕	★
P5.2 年度责任绩效	⊕	★
P5.3 年度责任荣誉	●	★
第二部分：责任管理（G系列）		
（G1）责任战略		
G1.1 社会责任理念、愿景、价值观	●	★
G1.2 企业签署的外部社会责任倡议	●	☆
G1.3 辨识企业的核心社会责任议题	●	★
G1.4 企业社会责任规划	●/⊕	☆
（G2）责任治理		
G2.1 社会责任领导机构	●	☆
G2.2 利益相关方与企业最高治理机构之间沟通的渠道或程序	●	☆
G2.3 社会责任组织体系	●	★
G2.4 企业内部社会责任的职责与分工	●	★
G2.5 社会责任管理制度	●	☆
（G3）责任融合		
G3.1 推进下属企业社会责任工作	●/⊕	☆
G3.2 推动供应链合作伙伴履行社会责任	●/⊕	☆
（G4）责任绩效		
G4.1 构建企业社会责任指标体系	●	☆
G4.2 依据企业社会责任指标进行绩效评估	●/⊕	☆
G4.3 企业社会责任优秀评选	●	☆
G4.4 企业在经济、社会或环境领域发生的重大事故，受到的影响和处罚以及企业的应对措施	●/⊕	★

续表

指标名称	定性指标（●） 定量指标（⊕）	核心指标（★） 扩展指标（☆）
（G5）责任沟通		
G5.1 企业利益相关方名单	●	★
G5.2 识别及选择利益相关方的程序	●	☆
G5.3 利益相关方的关注点和企业的回应措施	●	★
G5.4 企业内部社会责任沟通机制	●	★
G5.5 企业外部社会责任沟通机制	●	★
G5.6 企业高层领导参与的社会责任沟通与交流活动	●/⊕	★
（G6）责任能力		
G6.1 开展 CSR 课题研究	●	☆
G6.2 参与社会责任研究和交流	●	☆
G6.3 参加国内外社会责任标准的制定	●	☆
G6.4 通过培训等手段培育负责任的企业文化	●/⊕	★
第三部分：市场绩效（M 系列）		
（M1）股东责任		
M1.1 投资者关系管理制度	●	★
M1.2 股东参与企业治理的政策和机制	●	★
M1.3 保护中小投资者利益的政策和机制	●	☆
M1.4 规范信息披露的制度和措施	●/⊕	★
M1.5 成长性	⊕	★
M1.6 收益性	⊕	★
M1.7 安全性	⊕	★
（M2）客户责任		
M2.1 客户关系管理理念和方针	●	★
M2.2 合规宣传的制度和措施	●	★
M2.3 确保按合同规定交付房屋的机制	●	★
M2.4 客户风险管理的制度及措施	●	★
M2.5 为客户开展产品和服务知识普及	●	★
M2.6 客户信息保护的制度和机制	●/⊕	☆
M2.7 确保产品质量的制度及措施	●	★
M2.8 确保建筑生态宜居性的制度及措施	●	★
M2.9 支持技术创新的制度和机制	●/⊕	☆
M2.10 科技创新获奖及数量	●/⊕	★
M2.11 新增专利数量	⊕	★
M2.12 科技工作人员数量及比例	⊕	☆
M2.13 全流程客户服务体系	●	★
M2.14 提供增值服务的措施	●/⊕	★

续表

指标名称	定性指标（●） 定量指标（⊕）	核心指标（★） 扩展指标（☆）
M2.15 客户投诉处理的措施及成效	●/⊕	★
M2.16 客户满意调查及满意度	●/⊕	★
M2.17 违反提供的服务涉及的相关法律及规定所受到的处罚情况	●/⊕	☆
（M3） 伙伴责任		
M3.1 责任采购的制度及（或）方针	●	★
M3.2 战略共享机制及平台	●	★
M3.3 诚信经营的理念与制度保障	●	★
M3.4 公平竞争的理念及制度	●	★
M3.5 经济合同履约率	⊕	☆
M3.6 识别并描述企业的价值链及责任影响	●	★
M3.7 企业在促进价值链履行社会责任方面的倡议和政策	●	☆
M3.8 企业对价值链成员进行的社会责任教育、培训	●/⊕	☆
M3.9 供应商/承包商通过质量、环境和职业健康安全管理体系认证的比率	⊕	★
M3.10 供应商/承包商受到经济、社会或环境方面处罚的个数	⊕	☆
M3.11 打造责任供应链的机制	●	★
第四部分：社会绩效（S系列）		
（S1） 政府责任		
S1.1 企业守法合规理念和政策	●	★
S1.2 守法合规培训及绩效	●/⊕	★
S1.3 企业守法合规审核绩效	⊕	☆
S1.4 反商业贿赂和反腐败的制度和机制	●	★
S1.5 廉洁风险监督体系建设	●	★
S1.6 避免土地闲置的政策及制度	●	☆
S1.7 纳税总额	⊕	★
S1.8 参与保障性住房开发	●/⊕	☆
S1.9 确保就业及（或）带动就业的政策或措施	●	☆
S1.10 报告期内吸纳就业人数	⊕	★
（S2） 员工责任		
S2.1 劳动合同签订率	⊕	★
S2.2 集体谈判与集体合同覆盖率	●/⊕	☆
S2.3 临时工和劳务派遣工权益保护	●	☆
S2.4 民主管理的制度和机制	●	★
S2.5 参加工会的员工比例	⊕	☆
S2.6 员工申诉机制	●/⊕	☆
S2.7 员工隐私管理	●	☆
S2.8 按运营地划分的员工最低工资和当地最低工资的比例	⊕	★

指标名称	定性指标（●） 定量指标（⊕）	核心指标（★） 扩展指标（☆）
S2.9 社会保险覆盖率	⊕	★
S2.10 超时工作报酬	⊕	☆
S2.11 每年人均带薪年休假天数	⊕	☆
S2.12 女性管理者比例	⊕	★
S2.13 少数民族或其他种族员工比例	⊕	☆
S2.14 残疾人雇佣率或雇佣人数	⊕	☆
S2.15 职业健康与安全委员会中员工的占比	⊕	☆
S2.16 职业安全健康培训	●/⊕	★
S2.17 工伤预防制度和措施	●	☆
S2.18 员工心理健康制度/措施	●	☆
S2.19 体检及健康档案覆盖率	⊕	★
S2.20 员工职业发展通道	●	★
S2.21 员工培训体系	●	★
S2.22 员工培训绩效	⊕	★
S2.23 困难员工帮扶投入	⊕	★
S2.24 为特殊人群提供特殊保护	●	☆
S2.25 确保工作生活平衡的制度和措施	●	☆
S2.26 员工满意度	●/⊕	★
S2.27 员工流失率	⊕	★
（S3）安全生产		
S3.1 安全生产管理体系	●	★
S3.2 对承包商安全管理的政策、制度及措施	●	★
S3.3 隐患排查治理体系	●	★
S3.4 安全应急管理机制	●	★
S3.5 安全教育与培训	●/⊕	★
S3.6 安全培训绩效	⊕	★
S3.7 生产安全事故数	⊕	★
S3.8 员工伤亡人数	⊕	★
（S4）社区责任		
S4.1 建设绿色社区的措施和行动	●/⊕	☆
S4.2 评估企业进入或退出社区时对社区环境和社会的影响	●	★
S4.3 社区代表参与项目建设或开发的机制	●	☆
S4.4 尊重、保护社区的文化传统和遗产	●	☆
S4.5 开发或支持运营所在社区中的具有社会效益的项目	●	☆
S4.6 员工本地化政策	●	★
S4.7 本地化雇佣比例	⊕	☆
S4.8 按主要运营地划分，在高层管理者中本地人员的比率	⊕	☆

指标名称	定性指标（●） 定量指标（⊕）	核心指标（★） 扩展指标（☆）
S4.9 本地化采购政策和措施	●	☆
S4.10 企业公益方针或主要公益领域	●	★
S4.11 企业公益基金/基金会	●	☆
S4.12 海外公益	●/⊕	☆
S4.13 捐赠总额	⊕	★
S4.14 企业支持志愿者活动的政策、措施	●	★
S4.15 员工志愿者活动绩效	⊕	☆
第五部分：环境绩效（E系列）		
（E1）环境管理		
E1.1 建立环境管理组织和制度体系	●	★
E1.2 参与或加入的环保组织或倡议	●	☆
E1.3 环保总投入	⊕	☆
E1.4 新建项目环境评估制度	●	★
E1.5 环保技术的应用	●	★
E1.6 环保节能建筑的研究与开发	●	☆
E1.7 环保培训与宣传	●/⊕	★
E1.8 环保公益	●	★
（E2）绿色办公		
E2.1 绿色办公措施及成效	●/⊕	★
E2.2 数字化办公减少的差旅次数	⊕	☆
E2.3 绿色建筑评级情况及绿色建筑占比	●/⊕	☆
（E3）资源管理		
E3.1 节约资源能源的制度与措施	●	★
E3.2 支持可再生能源开发的制度与措施	●	☆
E3.3 节约土地资源的措施	●	★
E3.4 支持循环经济的制度、技术与措施	●	☆
E3.5 废弃材料循环利用的制度与措施	●	☆
E3.6 废弃材料循环利用的节约费用	⊕	☆
E3.7 绿色建材使用的制度与措施	●	★
E3.8 绿色建材使用率	⊕	☆
（E4）降污减排		
E4.1 废气、废水、废弃物管理的制度及措施	●	★
E4.2 废气、废水、废弃物排放量及减排量	⊕	★
E4.3 噪音污染控制的制度及措施	●	★
E4.4 光污染控制的制度及措施	●	☆
E4.5 减少温室气体排放的制度和措施	●	★
E4.6 温室气体排放量及减排量	⊕	★

指标名称	定性指标（●）	核心指标（★）
	定量指标（⊕）	扩展指标（☆）
E4.7 开发项目的节能环保措施	●	☆
（E5）绿色生态		
E5.1 保护生物多样性的制度和措施	●	☆
E5.2 当年销售项目平均绿地率	⊕	★
E5.3 工程建设中生态恢复与治理的措施	●/⊕	★
E5.4 水土保持制度及措施	●	☆
第六部分：报告后记（A 系列）		
（A1）未来计划：公司对社会责任工作的规划	●/⊕	★
（A2）报告评价：社会责任专家或行业专家、利益相关方或专业机构对报告的评价	●	★
（A3）参考索引：对本指南要求披露指标的采用情况	●	★
（A4）读者反馈：读者意见调查表及读者意见反馈渠道	●	★

管理篇

第六章　报告全生命周期管理

社会责任报告全生命周期管理是指企业在社会责任报告编写和使用的全过程中对报告进行全方位的价值管理，充分发挥报告在利益相关方沟通、公司社会责任绩效监控方面的作用，将报告作为提升公司社会责任管理水平的有效工具。社会责任报告全生命周期管理涉及组织、参与、界定、启动、撰写、发布和反馈七个过程要素，如图 6-1 所示。

（1）组织：建立社会责任报告编写的组织体系并监控报告编写过程；

（2）参与：利益相关方参与报告编写全过程；

（3）界定：确定报告的边界和实质性议题；

（4）启动：召开社会责任报告编写培训会暨启动会；

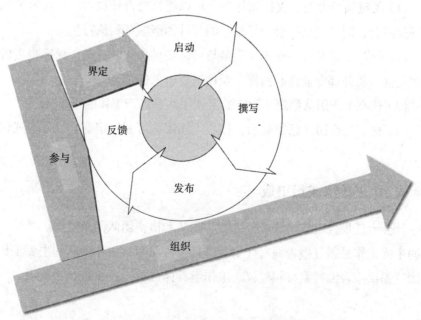

图 6-1　企业社会责任报告全生命周期管理模型

（5）撰写：搜集素材并撰写报告内容；

（6）发布：确定发布形式和报告使用方式；

（7）反馈：总结报告编写过程，向利益相关方进行反馈，并向企业内部各部门进行反馈。

其中，组织和参与是社会责任报告编写的保证，贯穿报告编写的全部流程。界定、启动、撰写、发布和反馈构成一个闭环的流程体系，通过持续改进报告编制流程以提升报告质量和公司社会责任管理水平。

一、组　织

（一）建立工作组的原则

建立科学有效的社会责任报告工作组是报告编写的保障。建立工作组遵循以下原则。

（1）关键领导参与。关键领导参与可以将社会责任报告与公司发展战略进行更好的融合，同时保证社会责任报告编写计划能够顺利执行。

（2）外部专家参与。外部专家参与可以提供独立的视角，保障报告的科学性和规范性，将外部专业性和内部专业性进行有效的结合。

（3）核心工作团队稳定。稳定的工作团队有助于工作的连续性。

（4）核心工作团队紧密联系。核心工作团队可通过定期会议等形式保持紧密联系。

（二）工作组成员组成

社会责任报告工作组成员分为核心团队和协作团队两个层次。其中，核心团队的主要工作是制订报告编写计划、进行报告编写；协作团队的主要工作是为核心团队提供报告编写素材和建议。工作组具体成员构成如图 6-2 所示。

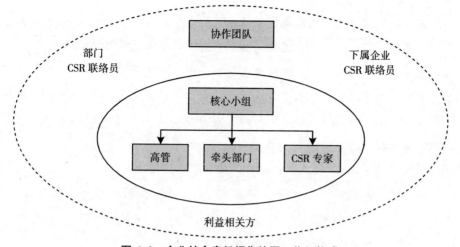

图 6-2 企业社会责任报告编写工作组构成

（三）工作组成员分工与职责

社会责任报告工作组成员构成既包括外部专家，也包括内部职能部门，既包括高层领导，也包括下属企业。在报告编写的前期、中期和后期，各成员分工和职责如图 6-3 所示。

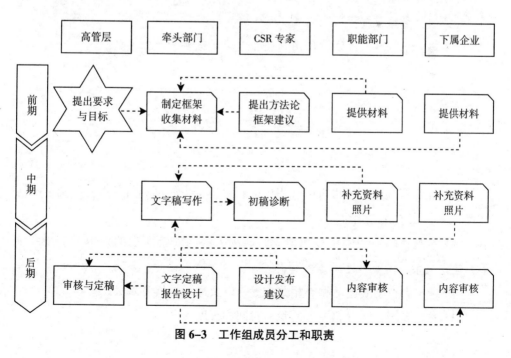

图 6-3 工作组成员分工和职责

案例：华润集团报告编写组织体系

华润集团在社会责任报告编写过程中建立了由集团董事办牵头组织、其他部室和战略业务单元/一级利润中心共同参与的社会责任报告组织体系。集团董事办负责社会责任报告的报送、公告、宣传及推广工作，并组织集团有关部室、战略业务单元/一级利润中心成立报告编制小组，编制版位表，组织报告起草、内容指导、统筹协调、综合统稿、总结评价等工作。

华润集团 2012 年社会责任报告起草小组成员构成：

主报告：朱虹波、徐莲子、宋贵斌、周文涛、虞柏林、莫炳金、张娜、何叙之、杨坤（集团董事会办公室），章曦（战略管理部），刘辉（人力资源部），何书泉（法律事务部），王学艺（财务部）。

分报告：熊浪（华润五丰），孟兰君（华润饮料），张建春（华润房地产），汪红、李宗弦（华润银行），吴志鹏（华润纺织），池丽春（华润物业）。

独立报告：姜艳、马少君（华润万家），姜宇（华润雪花啤酒），杜剑梅（华润电力）。

主报告有关章节责编：朱虹波、徐莲子、宋贵斌、周文涛、虞柏林。

分报告责编：熊浪、孟兰君、张建春、汪红、吴志鹏、池丽春。

策划、组织与统稿：朱虹波。

主编：朱金坤（华润集团副总经理、华润慈善基金会理事长）。

二、参　与

企业在编写社会责任报告的过程中应积极邀请内外部利益相关方参与。参与过程涉及三个方面，如图 6-4 所示。

（1）参与目的：明确企业邀请利益相关方参与时要实现的价值，如了解期望、建立关系、借鉴其知识体系等；

（2）参与者：明确邀请哪类相关方参与以及邀请的具体人员；

（3）参与范围：明确相关方的参与时间和程度。

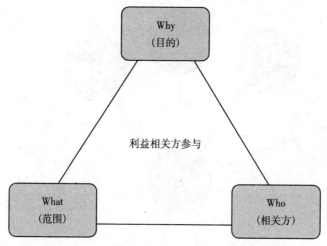

图6-4 利益相关方参与报告编写的三要素

（一）利益相关方参与报告编写的价值

在报告编写过程中积极邀请外部利益相关方参与具有以下作用：

（1）通过参与了解利益相关方的期望，在社会责任报告中做出针对性回应。

（2）通过参与建立一种透明的关系，进而建立双方的信任基础。

（3）汇集利益相关方的资源优势（知识、人力和技术），解决企业在编写社会责任报告过程中遇到的问题。

（4）通过参与过程学习利益相关方的知识和技能，进而提升企业的组织和技能。

（5）通过在报告编写过程中的坦诚、透明的沟通，影响利益相关方的观点和决策。

（二）识别利益相关方

利益相关方指受企业经营影响或可以影响企业经营的组织或个人。企业的利益相关方通常包括政府、顾客、投资者、供应商、雇员、社区、NGO、竞争者、工会、媒体学者、行业协会等，如图6-5所示。

由于企业利益相关方较多，企业在选择参与对象时需按照利益相关方对企业的影响力以及利益相关方对企业的关注程度进行关键利益相关方识别，如图6-6所示。

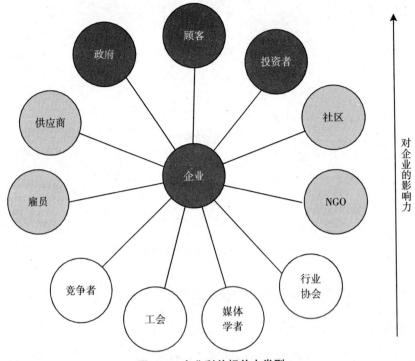

图 6-5　企业利益相关方类型

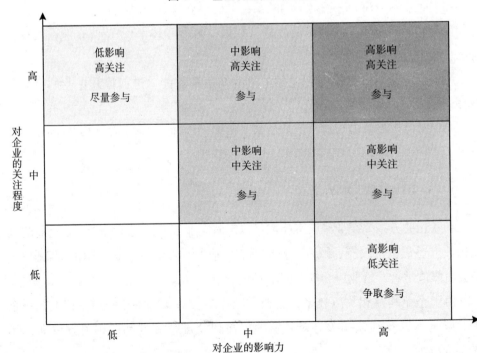

图 6-6　利益相关方筛选原则

（1）对企业具有"高影响高关注"、"中影响高关注"、"高影响中关注"和"中影响中关注"的利益相关方，企业在编写社会责任报告过程中应积极邀请其参与。

（2）对企业具有"高影响低关注"的利益相关方，企业在编写社会责任报告过程中应争取请其参与。

（3）对企业具有"低影响高关注"的利益相关方，企业在编写社会责任报告过程中应尽量请其参与。

（4）对其他利益相关方，企业在社会责任报告编写完成后应履行告知义务。

（三）确定参与形式

在确定利益相关方参与人员后，应确定不同利益相关方的参与形式。按照参与程度划分，利益相关方参与社会责任报告编写主要有三种形式，即告知、咨询与合作，如表6-1所示。

表 6-1　利益相关方参与的形式和价值

	性　质	形　式	价　值
告知	被动	①邮件 ②通信 ③简报 ④发布会	将报告编写过程和结果第一时间告诉利益相关方，与相关方建立透明的关系
咨询	积极	①问卷调查 ②意见征求会 ③专题小组 ④研讨会 ⑤论坛	针对性回应利益相关方的期望，倾听相关方意见，与相关方建立信任关系
合作	积极	①联合成立工作组 ②组成虚拟工作组	与利益相关方紧密合作，与相关方建立伙伴关系

案例：中国移动倾听利益相关方意见

中国移动高度重视利益相关方参与和沟通，将利益相关方关注的议题和期望作为社会责任报告的重点内容。中国移动在利益相关方参与和沟通方面的主要做法和经验有：

（1）2010年，中国移动制定《中国移动通信集团利益相关方沟通手册》，对利益相关方沟通的方式、流程和工具进行了规定，确保利益相关方参与和沟通有章可循；

（2）在报告编制前召开利益相关方座谈会，倾听利益相关方对社会责任报告的意见和建议；

（3）开设总裁信箱，总裁信箱设立两年来，近 3000 封来自客户、合作伙伴、员工的信件得到及时回复和妥善处理；

（4）发布《中国移动每日舆情摘要》，对社会公众关注的热点问题及时跟踪和反馈；

（5）积极举办客户接待日、媒体沟通会等利益相关方沟通活动。

三、界　定

（一）明确报告组织边界

报告的组织边界指与企业相关的哪些组织应纳入报告的披露范围。企业通常可以按照以下四个步骤确定报告的组织边界。

1. 明确企业价值链

企业按照上游、中游和下游明确位于企业价值链的各个组织体，在明确价值链的基础上，列出与企业有关的组织体名单。一般来说，企业价值链主要构成组织体包括：

（1）上游：社区、供应商；

（2）中游：员工、股东、商业伙伴、NGO、研究机构；

（3）下游：分销商、零售商、顾客。

2. 根据"控制力"和"影响力"二维矩阵明确报告要覆盖的组织体

列出与企业有关的组织体名单后，企业应根据"企业对该组织体的控制力"和"该组织体活动对企业的影响"两个维度将企业分为四类。其中，A 类、B 类和 C 类三类组织体应纳入报告覆盖范围，如图 6-7 所示。

3. 确定披露深度

在明确报告覆盖范围后，应针对不同类别明确不同组织体的披露深度。

（1）对 A 类组织体：企业应披露对该组织体的战略和运营数据；

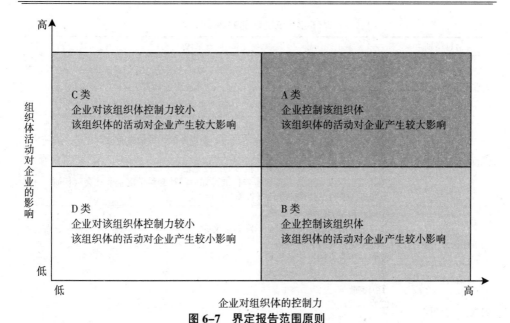

图 6-7 界定报告范围原则

（2）对 B 类组织体：企业应披露对该组织体的战略和管理方法；

（3）对 C 类组织体：企业应披露对该组织体的政策和倡议。

4. 制订披露计划

在确定披露深度后，企业应根据运营和管理实际对不同组织体制订相应的披露计划。

（二）界定实质性议题

实质性议题，即关键性议题，指可以对企业长期或短期运营绩效产生重大影响的决策或活动。企业可以按照三个步骤确定实质性议题。

1. 议题识别

议题识别的目的是通过对各种背景信息的分析，确定与企业社会责任活动相关的议题清单。在议题识别过程中需要分析的信息类别和信息来源如表 6-2 所示。

2. 议题排序

在识别出社会责任议题后，企业应根据该议题"对企业可持续发展的影响度"和"对利益相关方的重要性"两个维度对实质性议题进行排序，如图 6-8 所示。

表 6-2 议题识别的环境扫描

信息类别	信息来源
企业战略或经营重点	①企业经营目标、战略和政策 ②企业可持续发展战略和 KPI ③企业内部风险分析 ④企业财务报告等
报告政策或标准分析	①社会责任报告相关的国际标准，如 GRI 报告指南，ISO26000 ②政府部门关于社会责任报告的政策，如国务院国资委发布的《中央企业"十二五"和谐发展战略实施纲要》 ③上交所、深交所对社会责任报告的披露邀请 ④其他组织发布的社会责任报告标准，如中国社会科学院企业社会责任研究中心发布的《中国企业社会责任报告编写指南》等
利益相关方分析	①利益相关方调查 ②综合性的利益相关方对话、圆桌会议等 ③专题型利益相关方对话 ④利益相关方的反馈意见等 ⑤与行业协会的沟通和交流
宏观背景分析	①国家政策 ②媒体关注点 ③公众意见调查 ④高校和研究机构出版的研究报告

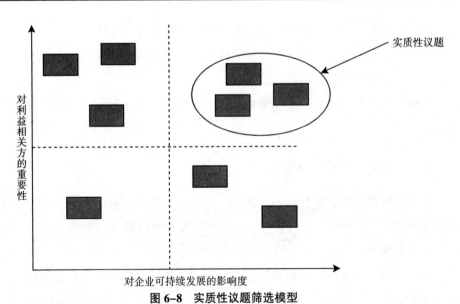

图 6-8 实质性议题筛选模型

3. 议题审查

在明确实质性议题清单之后，企业应就确立的实质性议题征询内外部专家意见，并报高层管理者审批。

案例：斗山工程机械（中国）实质性议题选择

2012 年，斗山 Infracore（中国）运用公司独有的评价模型，通过内部评估、外部单位评价以及利益相关方调研相结合的方式，得出公司目前的社会责任工作水平和到 2013 年末能够改善的社会责任核心议题及其优先顺序。模型评价结果显示，公司在技术与革新、人才培养、组织文化/人权/劳动等方面获得较好的评价，但在客户价值、环境、企业伦理等方面需要改善。

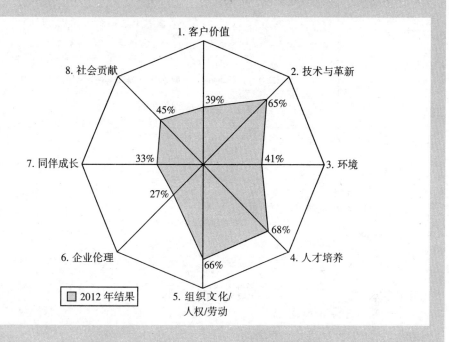

利益相关方调研则显示其共同认为客户价值、技术与革新、同伴成长、人才培养是企业经营的重要部分。通过议题筛选，斗山 Infracore（中国）选择企业伦理、社会贡献、组织文化/人权/劳动、环境方面 4 个议题作为企业社会责任核心议题。

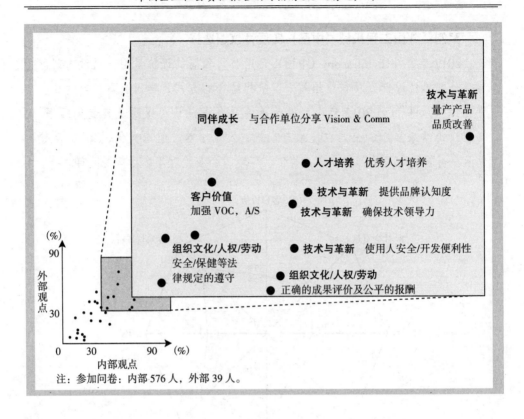

注：参加问卷：内部 576 人，外部 39 人。

四、启 动

（一）召开社会责任报告培训会

召开社会责任报告培训会的目的是通过培训会确保公司上下对社会责任报告的重要性、编写工作流程形成统一的认识。在组织报告编写培训会时应注意考虑以下因素。

（1）培训会对象，企业社会责任联络人；

（2）培训会讲师，外部专家和内部专家相结合；

（3）培训课件，社会责任发展趋势和本企业社会责任规划相结合。

（二）对社会责任报告编写任务进行分工

在培训启动会上，社会责任报告编写牵头组织部门应对报告编写任务进行分工，明确报告参与人员的工作要求和完成时间。

> **案例：中国黄金集团社会责任报告编写培训会**
>
> 2012 年 10 月 25 日，中国黄金集团在北京举办社会责任培训班，集团下属 50 家主要生产企业社会责任专职工作人员参加了培训。培训期间邀请国资委研究局、中国社会科学院经济学部企业社会责任研究中心的领导和专家就国内外社会责任发展情况、社会责任理论等方面进行了讲解，集团公司社会责任主管部门负责人介绍了集团公司的社会责任工作情况，并对集团下一步社会责任工作提出了要求，确定了奋斗目标。培训收到了预期的效果，为集团全面推进社会责任工作奠定了坚实的基础。

五、撰　写

充足、有针对性的素材是报告高质量的保证。企业在收集报告编写素材时可采用但不限于以下方法：

（1）下发部门资料收集清单；

（2）对高层管理者、利益相关方进行访谈；

（3）对下属企业进行调研；

（4）对企业存量资料进行案头分析。

资料清单模板：××公司社会责任报告数据、资料需求清单

填报单位：人力资源部　　　　　填报人：　　　　　审核人：

1. 数据指标

编号	指标	2008 年	2009 年	2010 年	备注
1	员工总数（人）				
2	劳动合同签订率（%）				
⋮					

2. 文字材料

（1）公平雇佣的理念、制度及措施。

（2）员工培训管理体系。

……

3. 图片及视频资料

（1）员工培训的图片。

（2）文体活动图片。

……

4. 贵部门认为能够体现我公司社会责任工作的其他材料、数据及图片

案例：北汽集团社会责任信息收集与调研

2013 年，北汽集团启动首份社会责任报告编写工作。为确保资料收集质量，北汽集团采取下发"资料清单"和到下属企业走访调研相结合的方式。2013 年 4~5 月，项目共调研了北京现代、北京奔驰、湖南株洲公司、重庆北汽银翔等 11 家下属企业，收集了丰富的材料。

通过下属企业走访调研的方式可以收集到更多的一手材料，同时在调研过程中可以对企业在社会责任方面的疑问进行解答，是一种比较高质量的资料收集方式。

六、发　布

（一）确定报告格式

随着技术的发展和公众阅读习惯的改变，企业社会责任报告的格式日趋多样性。目前，企业社会责任报告的格式主要有：

（1）可下载的 PDF 格式；

（2）互动性网络版；

（3）印刷品出版物；

（4）印刷简本；

（5）网页版；

（6）视频版；

（7）APP 版本。

不同的报告格式具有不同的优缺点和针对性，企业应根据以下因素确立最佳报告形式组合策略：

（1）利益相关方的群体性；

（2）不同利益相关方群体的关注领域；

（3）不同利益相关方群体的阅读习惯；

（4）人们阅读和沟通的发展趋势及技术发展趋势。

（二）确定报告读者对象

社会责任报告的目标读者通常包括政府、投资机构、客户、员工、供应商、媒体、非政府组织、行业协会和一般公众等。企业应根据自身情况确定目标读者对象。

（三）确定发布形式

不同的发布形式具有不同的传播效果。通常，社会责任报告的发布形式主要有专项发布会、嵌入式发布会、网上发布、直接递送和邮件发送等，如表 6-3 所示。

表6-3 报告发布会类型

类 型	含 义
专项发布会	为社会责任报告举办专项发布会
嵌入式发布会	在其他活动中嵌入社会责任报告发布环节
网上发布	将社会责任报告放在互联网上并发布公司新闻稿
直接递送	将社会责任报告的印刷版直接递送给利益相关方
邮件发送	将公司社会责任报告电子版或网站链接通过邮件发送给利益相关方

案例：中国三星报告发布会

2013 年 3 月 18 日，中国三星发布首份"中国三星社会责任报告书"。报告书在人才第一、顾客满意、诚信守法、追求共赢、绿色经营等方面展示了中国三星企业社会责任优秀的事例，在倾听中国社会声音的同时，承诺率先变为"开放的中国三星"。在发布会上，中国三星宣布 2013 年为中国三星企业社会责任（Corporate Social Responsibility，CSR）经营元年，旨在通过更高层次的 CSR 活动，与中国人民以及中国社会一起建设"美丽中国"。同时，为了实现"共享企业社会责任资源和力量"，中国三星与中国社会科学院经济学部企业社会责任研究中心签订了战略合作协议，成立"中国企业社会责任研究基地"。这是中国首家外资企业成立的社会责任研究基地，通过向中小企业开展"企业社会责任公益培训"，让更多的企业投身履行社会责任的行列中。

七、反 馈

在社会责任报告发布后，企业应总结本次报告编写过程并向外部利益相关方和内部相关部门进行反馈。反馈的主要形式包括但不限于会议、邮件、通信等。反馈的内容主要是本次报告对内外部利益相关方期望的回应和未来行动计划。

第七章 报告质量标准

一、过程性

(一) 定义

过程性即社会责任报告全生命周期管理，是指企业在社会责任报告编写和使用的全过程中对报告进行全方位的价值管理，充分发挥报告在利益相关方沟通、公司社会责任绩效监控方面的作用，将报告作为提升公司社会责任管理水平的有效工具。

(二) 解读

过程性涉及社会责任报告全生命周期管理中的组织、参与、界定、启动、撰写、发布和反馈七个过程要素。其中，组织和参与是社会责任报告编写的保证，贯穿报告编写的全部流程。界定、启动、撰写、发布和反馈构成一个闭环的流程体系，通过持续改进报告编制流程提升报告质量和公司社会责任管理水平。

(三) 评估方式

编制报告过程中是否执行了报告管理全过程的规定性动作。

二、实质性

（一）定义

实质性是指报告披露企业可持续发展的关键议题以及企业运营对利益相关方的重大影响。利益相关方和企业管理者可根据实质性信息做出充分判断和决策，并采取可以影响企业绩效的行动。

（二）解读

企业社会责任议题的重要性和关键性受到企业经营特征的影响，具体来说，企业社会责任报告披露内容的实质性由企业所属行业、经营环境和企业的关键利益相关方等决定。

（三）评估方式

内部视角：报告议题与企业经营战略的契合度；

外部视角：报告议题是否回应了利益相关方的关注点。

案例：中国民生银行聚焦实质性议题

《中国民生银行 2012 年社会责任报告》在编写过程中注重实质性议题的披露，报告主体部分分为"完善责任治理，加强责任沟通"、"推进流程改革，打造最佳银行"、"聚焦小微金融，开创发展蓝海"、"服务实体经济，致力金融普惠"、"建设民生家园，关爱员工成长"、"共建生态文明，助力美丽中国"、"投身慈善公益，倾力回报社会"七大领域，较好地反映了民生银行的本质责任和特色实践。

三、完整性

（一）定义

完整性是指社会责任报告所涉及的内容较全面地反映企业对经济、社会和环境的重大影响，利益相关方可以根据社会责任报告知晓企业在报告期间履行社会责任的理念、制度、措施以及绩效。

（二）解读

完整性从两个方面对企业社会责任报告的内容进行考察：一是责任领域的完整性，即是否涵盖了经济责任、社会责任和环境责任；二是披露方式的完整性，即是否包含了履行社会责任的理念、制度、措施及绩效。

（三）评估方式

● 标准分析：是否满足了《中国企业社会责任报告指南（CASS-CSR3.0）》等标准的披露要求；

● 内部运营重点：是否与企业战略和内部运营重点领域相吻合；

● 外部相关方关注点：是否回应了利益相关方的期望。

案例：南方电网公司披露了指南 86.01% 的核心指标

《中国南方电网公司社会责任报告 2012》共 82 页，报告从"责任管理"、"电力供应"、"绿色环保"、"经济绩效"及"社会和谐"等方面，系统披露了《中国企业社会责任报告编写指南》电力供应业核心指标的 86.01%，具有很好的完整性。

四、平衡性

（一）定义

平衡性是指企业社会责任报告应中肯、客观地披露企业在报告期内的正面信息和负面信息，以确保利益相关方可以对企业的整体业绩进行正确的评价。

（二）解读

平衡性要求是为了避免企业在编写报告的过程中对企业的经济、社会、环境消极影响或损害的故意性遗漏，影响利益相关方对企业社会责任实践与绩效的判断。

（三）评估方式

考查企业在社会责任报告中是否披露了实质性的负面信息。如果企业社会报告未披露任何负面信息，或者社会已知晓的重大负面信息在社会责任报告中未进行披露和回应，则违背了平衡性原则。

案例：中国石化股份重视负面信息披露

2012 年 7 月 23 日，在承运商由广州南沙前往汕头途中，受台风影响有6 个装载中石化公司生产的聚丙烯产品的集装箱落入香港海域，箱内白色聚丙烯颗粒散落海面，部分颗粒漂至香港愉景湾、南丫岛深湾等附近海滩，引起广泛关注。在《中国石化 2012 年可持续发展进展报告》中，用专题形式对本次事件背景、公司应对和相关方反馈进行了详细披露。

五、可比性

（一）定义

可比性是指报告对信息的披露应有助于利益相关方对企业的责任表现进行分析和比较。

（二）解读

可比性体现在两个方面：纵向可比与横向可比，即企业在披露相关责任议题的绩效水平时既要披露企业历史绩效，又要披露同行业绩效。

（三）评估方式

考查企业是否披露了连续数年的历史数据和同行业数据。

案例：华电集团社会责任报告披露了 61 个可比指标

《中国华电集团公司社会责任报告 2012》披露了 61 个关键绩效指标连续 3 年的历史数据，同时披露了多项公司与同行业在环境绩效、责任管理等方面的横向比较数据，具有较强的可比性。

六、可读性

（一）定义

可读性指报告的信息披露方式易于读者理解和接受。

（二）解读

企业社会责任报告的可读性体现在以下方面：

● 结构清晰，条理清楚；

● 语言流畅、简洁、通俗易懂；

● 通过流程图、数据表、图片等使表达形式更加直观；

● 对术语、缩略词等专业词汇做出解释；

● 方便阅读的排版设计。

（三）评估方式

从报告篇章结构、排版设计、语言、图表等各个方面对报告的通俗易懂性进行评价。

案例：中国兵器工业集团报告可读性优秀

《中国兵器工业集团社会责任报告 2012》框架清晰，篇幅适宜；语言简洁流畅，结合大量案例，配图精美，表达方式丰富多样，并对专业词汇进行了解释，可读性表现优秀。

七、创新性

（一）定义

创新性是指企业社会责任报告在内容或形式上具有重大创新。

（二）解读

社会责任报告的创新性主要体现在两个方面：报告内容的创新和报告形式的创新。创新不是目的，通过创新提高报告质量是根本。

（三）评估方式

将报告内容、形式与国内外社会责任报告以及企业往期社会责任报告进行对比，判断其有无创新，以及创新是否提高了报告质量。

案例：华润集团社会责任报告注重创新性

《华润（集团）有限公司 2012 年社会责任报告》通过连环画的形式介绍"走进华润世界"，形式新颖，易于利益相关方理解；通过"品牌树"的方式介绍了公司丰富的产品品牌，易于利益相关方全面了解华润的业务和产品；在形式上，通过"集团报告"和"重点企业报告"两种方式呈现，具有很好的创新性。

实 践 篇

第八章　以报告促进管理

一、报告导引公司可持续发展
——中海地产社会责任报告管理

（一）中海地产简介

中海地产是中国建筑股份有限公司房地产业务的旗舰，1979 年成立于香港，并于 1992 年在香港联交所上市（中国海外发展有限公司，00688.HK，以下简称"中国海外"或"公司"）。2007 年，中国海外入选香港恒生指数成份股。2010~2015 年，连续 6 年获选"恒生可持续发展企业指数"。房地产开发是公司的核心业务，历经 30 余年的发展，成功打造了中国房地产行业领导公司品牌"中海地产"。

中海地产已形成以港澳地区、长三角、珠三角、环渤海、东北、中西部为重点区域的全国性均衡布局，业务遍布中国港澳、英国伦敦及中国内地 50 余个经济活跃城市，为逾百万客户提供了数十万套中高端精品物业。截至 2014 年底，公司总资产达 3509 亿港元，净资产达 1333 亿港元。2015 年 1~6 月，实现房地产合约销售额 854.5 亿港元，净利润 163.2 亿港元，经营效益持续领先。截至 2015 年 6 月底，公司拥有土地储备面积 4409 万平方米。

中海地产自成立以来，一直致力于专业化与规模化的发展，以房地产的开发与经营为核心业务，还涉及与地产有关的物业投资、物业管理及建筑设计业务。顺应社区 O2O 的蓬勃发展，2015 年 10 月，中海物业分拆并成功上市。

● 中海地产拥有"中海系"甲级写字楼、"环宇城"购物中心、星级酒店三大商业物业产品序列，截至 2015 年 6 月底，已累计有 15 栋甲级写字楼、三家环宇城购物中心、两家五星级酒店投入运营，总建筑面积约 160 万平方米。

● 中海物业 1986 年诞生于香港，作为中国现代物业管理事业的开拓者，是中国首批一级资质物业管理企业，与业主共建精品、幸福社区。截至 2014 年底，其管理服务面积超过 5000 万平方米，管理项目接近 300 个，为逾 30 万户业主提供高品质的服务。

● 华艺设计 1986 年成立于香港，具有甲级工程设计资质和城市规划甲级资质，在上海、南京、武汉、北京、重庆等 10 个城市设有分支机构，累计完成各类工程设计项目约 1500 多项，先后被评为"国家级高新技术企业"、"当代中国建筑设计百家名院"等。

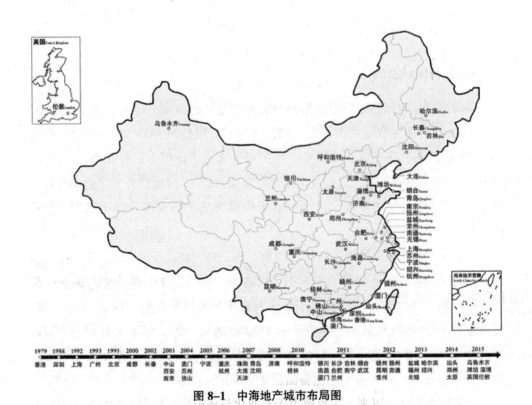

图 8-1 中海地产城市布局图

（二）企业社会责任工作大事记

年份	企业社会责任工作大事记
1979	中海地产的前身"中国海外建筑工程有限公司"在香港成立
1982	公司承建香港木湖至大榄涌输水管线大型政府工程，是公司承接的第一个政府大型项目。1985 年 12 月工程提前竣工，获香港政府颁赠的"驰誉遐迩"锦旗
1988	中标中国内地第一块以美元作价国际招标出让的土地，即日后开发的深圳海富花园，跨出内地地产业务的第一步，对内地房地产业的商业化发展也起到一定的启示作用。多年来，公司在内地开创性地引进了"物业管理"概念、"银行按揭购房"模式，在行业内率先推进"实体样板房"展示、"空中花园与入户花园"设计、"产品说明书"等，持续引领行业发展
1991	公司旗下中海物业进入内地，开创中国大陆房地产物业管理规范化、流程化的先河
1994	公司向华南、华东水灾捐款 500 万港元
2004	公司荣获商务部企业诚信"AAA"评级
2005	"中国海外爱心基金会"成立并启动爱心基金会的第一个公益项目——中国海外青龙希望小学（陕西汉中），总投资 80 万元。此后将希望小学捐建工作列为公司企业社会责任工作的重点项目
2008	中海地产母公司中国海外集团有限公司设立企业社会责任委员会，并注册成立"中国海外爱心基金会有限公司"及"海无涯　爱无疆"公益品牌，制定了企业社会责任中长期发展规划，以社区建设、青少年教育及慈善捐赠三个领域为工作重点
	通过香港乐施会捐赠 200 万港元为内地雪灾纾困，为当年香港第一家为内地雪灾进行捐助的企业。广大员工积极行动，累计捐款 358 万港元
	向四川"5·12"特大地震共计捐款（物）1700 余万元。其中 1500 万元转为四川都江堰、重庆云阳希望小学建设费用
2009	都江堰中国海外新建特殊教育学校正式建成交付，该校是"5·12"汶川地震后中国海外集团第一时间在四川捐赠的灾区学校，是西南地区规模最大、标准最高、设施设备最齐全的特殊教育学校，总投资超过 3000 万港元
2010	通过香港中资企业慈善基金向玉树灾区捐款 100 万港元，通过江河源感恩慈善协会捐款 60.8 万元，用于震后重建工作
	中海地产率先入选首次设立的"恒生可持续发展企业指数"成份股，2010~2015 年连续入选
	中海地产荣获"中国地产新视角十大品牌公益事件奖"、"中国最具社会责任房地产企业 20 强"
2011	中海地产母公司中国海外集团发布首份年度企业社会责任报告
	中海地产荣获"中国最受尊敬企业·十年成就奖"、"第一财经·中国企业社会责任榜——优秀实践奖"
	中海地产在深圳中心区建设的城市公益设施——深圳市当代艺术馆与城市规划展览馆启动建设，预计于 2016 年竣工并投入使用
2012	中海地产入选 2012 年"道琼斯可持续发展指数"，2012~2015 年连续入选，反映公司的可持续发展水平屡获国际市场高度认可
2013	在"4·20"四川雅安芦山地震后，公司通过中国海外爱心基金会为灾区捐款逾 270 万港元，以此款项与四川省慈善总会共同设立"中国海外'4·20'芦山地震灾区青少年教育发展公益专项基金"，支持当地公益事业发展
	中海地产荣获"中国价值地产总评榜：年度企业公民"、"中国地产企业年度仁商成就奖（领袖型）"
	中海地产成立了社会责任报告编制领导小组及工作小组，独立编制发布了首份年度企业社会责任报告

年份	企业社会责任工作大事记
2014	中海地产企业社会责任工作及年度企业社会责任报告经香港品质保证局独立评审，荣获其颁发的"社会责任进阶标志"
	中海地产首个全生命周期绿色建筑科技示范项目——苏州中海国际社区 233-2 项目落成并完成科技验收，该项目实现了科技、绿色、经济、舒适的有机结合，在探索绿色科技住宅之路上为行业率先垂范
2015	中海在内地捐建的第十一所希望小学——烟台中国海外亭口希望小学正式交付使用
	截至 2015 年，公司在扶贫赈灾、捐资助学、襄助公益方面累计捐赠超过 1.4 亿港元

（三）企业社会责任报告编制概览

中海地产极为重视各利益相关方的沟通，公司从 2010 年开始，在中国建筑股份有限公司、中国海外集团的统筹及指导下，参照全球报告倡议组织（Global Reporting Initiative）《可持续发展报告指南》指引文件，持续加强企业社会责任工作的透明度。中国海外集团于 2011 年开始，依据《可持续发展报告指南（G3.1）》的指引进行编制及对外正式发布年度企业社会责任报告，其中，中海集团 2010 年、2011 年报告中披露了中海地产的企业社会责任案例及相关成果。此外，依据香港联交所相关要求，公司的年度财务报告中亦每年披露公司的企业社会责任工作成绩。自 2012 年起，中海地产发布独立编制的企业社会责任报告，此报告为年度报告。

表 8-1　中海地产企业社会责任报告编制情况概览

年份	页数	语　言	版　本	参考标准
2012	80	中文简体、中文繁体、英文	电子版：PDF 版、Flash 版	《可持续发展报告指南（G3.1）》、国资委《关于中央企业履行社会责任的指导意见》、《ISO26000：社会责任指南》
2013	66	中文简体、中文繁体、英文	电子版：PDF 版、Flash 版	
2014	65	中文简体、中文繁体、英文	电子版：PDF 版、Flash 版	《可持续发展报告指南（G4）》、国资委《关于中央企业履行社会责任的指导意见》、《ISO26000：社会责任指南》

（四）企业社会责任报告编制管理

1. 组织管理

（1）社会责任报告组织管理体系。中海地产为积极践行企业社会责任，成立了社会责任报告编制领导小组与工作小组。领导小组由公司主要领导担任组长及副组长，组员为总部各部门及专业公司负责人。领导小组负责统筹及审定整个社会责任报告编制工作。报告的各项素材收集及相关编制工作执行由工作小组完成，工作小组组长为公司相关主管领导，组员由各部门及专业公司资深代表（企业社会责任工作专员）组成，社会责任报告编制工作日常办事机构设在总部企业传讯部。

企业传讯部作为公司企业社会责任报告编制的归口管理部门，在社会责任报告编制领导小组的总体指导下开展相关工作，并在母公司中国海外集团企业社会责任编辑委员会的指导下推进年度报告编制工作，并遵照中国建筑股份有限公司年度企业社会责任报告编制的相关准则与要求，负责就社会责任专项工作与各部门及专业公司进行对接与沟通。企业传讯部依据《可持续发展报告指南》及相关国际准则，确定报告的整体内容框架、核心主题，并统筹负责整份报告的内容汇总编写、数据收集、报告设计、英文翻译、内部审定修改、对外发布等一系列工作。

表8-2　中海地产企业社会责任报告（2014年）核心内容责任分工

责任部门	范　　围
企业传讯部	城市布局、业务结构、奖项荣誉、社会责任关键议题评估、与利益相关方沟通、投资者关系、公益活动等
人力资源部	人力资源理念、员工概况、员工培养及发展、职业健康及安全、员工与管理层沟通、员工联谊会、员工反贪腐教育、内控管理等
财务资金部	经济效益、依法纳税、公司治理等
监察审计部	内控管理、反贪腐建设等
法律事务部	守法合规
设计管理部	产品设计与创新、产品标准化、绿色建筑设计与实践等
客户关系部	客户服务、客户关系管理、售后服务、客户满意度调研、社区公益活动等
综合管理部	绿色办公、员工关怀等
信息化管理部	绿色办公等
物业公司	物业服务、精品共建、社区服务
工程公司	建筑材料使用、安全文明施工、质量安全管理、劳工权益保护、保障房建设等
营销公司	销售推广管理、客户隐私保护等
商业公司	城市公益设施建设、社区公益活动等

（2）社会责任组织队伍建设。中海地产从 2010 年起，组织开展了多次企业社会责任工作的培训、研讨等，以持续提升公司各相关部门、专业公司在社会责任议题、社会责任报告编制发布工作方面的专业能力与素养。由中国海外集团统筹，聘请第三方专业企业社会责任顾问机构进行社会责任工作专题培训，此外，中海地产企业传讯部企业社会责任负责人参与了香港安永会计师事务所可持续发展工作坊、深圳市创新企业社会责任中心等专业培训与交流，并加强与中国建筑股份有限公司在企业社会责任专业能力提升方面的沟通及交流，及时学习了解国内外同行企业社会责任报告最新动态，持续提升企业社会责任工作专业能力，并为推进企业社会工作与企业日常经营与管理的融入工作奠定基础。

2. 利益相关方调研

中海地产历来重视与各利益相关方的沟通，并在业务推进的各个环节充分倾听政府相关部门、供应商、投资者、客户、社区及员工的建议与意见。2014 年报告编写过程依据《可持续发展报告指南（G4）》进行，所以新增了企业社会责任关键性议题评估专项工作。2014 年 11~12 月，公司委托独立的第三方专业机构组织开展了公司内部及外部利益相关方的沟通、调研。通过在线问卷调查（有效问卷数目是 1623 份，其中内部员工反馈占 50.7%，外部各组别利益相关方反馈共占 49.3%）、焦点小组讨论、电话访谈、工作坊等形式，征集和听取了他们对于公司 2014 年度企业社会责任报告及相关工作的期望、优化建议等，并结合《可持续发展报告指南（G4）》的相关指标，评估了企业社会责任报告的关键性事项，形成公司企业社会责任关键性议题矩阵图，如图 8-2 所示。

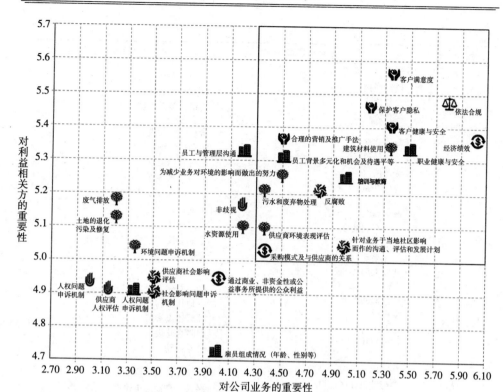

图 8-2　中海地产企业社会责任关键性议题矩阵

由矩阵图可以看出，通过与公司内外部利益相关方沟通及综合评估，线框内的 16 项议题既为公司各利益相关方所看重，也与公司业务高度相关，为 2014 年报告披露重点及公司未来持续推进企业社会责任行动的参考与指引。

表 8-3　中海地产利益相关方沟通概览

利益相关方	期望与要求	沟通与回馈方式
客户/业主	信息透明 诚信履约 高质量产品 贴心服务与体验 意见与投诉处理 隐私保护	信息公开 阳光销售 质量控制 满意度调研 投诉渠道畅通 客户信息保密
员工	机会平等 民主管理 健康与安全 福利保障 职业发展 人文关怀	公开招聘 集体决策 权益保障 劳动合同执行 培训教育 员工福利关怀

利益相关方	期望与要求	沟通与回馈方式
股东/投资者	信息公开透明 投资回报 权益保障 经营风险管控	及时披露经营信息 提升经营效益 投资者关系维护
政府	遵纪守法 依法纳税 资产增值 合作共赢	合规合法管理 主动依法纳税 完善管治运营 响应国家政策 工作汇报与意见听取
合作伙伴与供应商	诚信履约 平等互利共赢 资源共享 阳光采购 共同发展	精诚合作 高层互访 定期会议 定期调查 谈判交流
社区	社区协同发展 促进就业 公益慈善 环保绿化	精品共建 本地化招聘 社区建设参与 保障房建设 公益行动
城市	共同成长 参与城市社区建设 提升城市形象	产品设计与建造 融入、带动城市建设
劳工	就业机会 健康与安全 劳资保障	权益保障 劳动合同执行

如表 8-3 所示，一直以来，中海地产深信积极响应各利益相关方的期望与要求是企业经营发展不可或缺的工作内容，中海地产的利益相关方涵盖了对公司业务有直接或间接重大影响的内外部相关人员或机构。

3. 社会责任报告具体编写

以 2014 年报告编制为例，重点依据国际通行的全球报告倡议组织《可持续发展报告指南（G4）》相关指标，参考香港联交所《环境、社会及管治报告指引》相关要求，并结合各利益相关方调研结果，依据公司实际，确定报告的基本内容框架。

报告的主要数据时间范围为 2014 年 1 月 1 日至 2014 年 12 月 31 日，其中报告中财务数据与公司年度报告一致，其他材料来源于公司内部统计，部分资料依据实际情况做了前后延伸。整份报告全面及客观展现了公司在经济、社会、环境三大范畴中各个利益相关方关注的重点议题、实际行动和实践成果，如表 8-4 所示。

表 8-4 2014 年企业社会责任报告框架

结构	一级标题	二级标题
	董事局主席寄语	董事局主席寄语
报告主体	工科中海	业务布局 业务结构 经济效益 2014 年主要荣誉 社会责任关键议题评估 与利益相关方沟通
	企业管治	核心价值观 公司治理 投资者关系 内控管理 反贪腐机制
	过程精品	过程精品　楼楼精品 持续创新的规划设计 专业精益的施工建造 严谨精细的销售推广 精彩缤纷的客户联谊 客户至上的物业服务
	以人为本	人力资源理念及概况 员工培养及发展 职业健康及安全 员工与管理层的沟通 员工联谊会 员工反贪腐教育
	公益之路	海无涯　爱无疆 关爱青少年 保障房及城市公益设施建设 社区公益足迹
	绿色建筑	绿色建筑科技示范项目 项目绿色建筑技术应用 部分绿色建筑技术展示 经济与社会效益 绿色建筑认证及交流
报告说明	关于本报告	报告简介 意见与反馈 GRI 内容索引

4. 报告发布管理

中海地产于 2013 年 7 月 31 日发布首份独立编制的企业社会责任报告，此后于 2014 年 8 月、2015 年 6 月发布第二份、第三份企业社会责任报告。报告为年度报告，提供繁体中文、简体中文及英文三个版本供读者参阅，为厉行环保节约，报告以电子文件方式对外发布，不予印刷。

报告发布网址：官方网站：http：//www.coli.com.hk；品牌网站：http：//www.coli688.com/。

5. 与国际 ESG 指数评选工作的结合

自 2010 年起，中海地产母公司中海集团遵照全球报告倡议组织《可持续发展报告指南》，正式编制发布年度企业社会责任报告，中海地产亦开始参与香港"恒生可持续发展企业指数"成份股评选工作，并从 2010 年起正式入选，蝉联至今。

此外，公司从 2012 年开始发布独立编制的企业社会责任报告，亦从 2012 年起，连续获选进入"道琼斯可持续发展指数"，领先于同行。该指数由道琼斯公司于 1999 年推出，是首个以财务表现来衡量可持续发展兼具国际领导地位公司的环球指数，对企业的财务数据、经济、环境及社会责任等方面进行深入的分析。指数评核报告显示，中海地产为所属房地产行业类别中 5 家表现最佳的企业之一。相关指数报告显示，公司在可持续发展方面的工作成果及相关信息的披露，对于公司的 ESG 相关指数的评核有积极正面的影响。尤其，正式对外发布的企业社会责任报告为资本市场对有关企业可持续发展指数评级的核心评核文件。

通过恒生可持续发展企业指数、道琼斯可持续发展指数等 ESG 指数的评选工作，促进公司立足国际前沿，持续完善年度企业社会责任报告信息披露工作，也推进公司在经营、环境、社会可持续发展工作方面的整体提升。

二、始于报告，但不止于报告
——华润置地社会责任报告管理

（一）华润置地简介

华润置地有限公司（HK1109）是华润集团旗下的地产业务旗舰，中国内地最具实力的综合型地产发展商之一，1996 年在香港上市，从 2010 年 3 月 8 日起，香港恒生指数有限公司把华润置地纳入恒生指数成份股，成为香港蓝筹股之一。

华润置地以"品质给城市更多改变"为品牌理念，致力于达到行业领先水准，致力于在产品和服务上超越客户预期，为客户带来生活方式的改变。华润置地坚持"住宅开发＋投资物业＋增值服务"的商业模式。住宅开发方面，已形成八大产品线：万象高端系列、城市高端系列、郊区高端系列、城市品质系列、城郊品质系列、城市改善系列、郊区改善系列、旅游度假系列。投资物业发展了万象城城市综合体、区域商业中心万象汇/五彩城和体验式时尚潮人生活馆1234space 三种模式，在引领城市生活方式改变的同时，带动城市经济的发展，改善城市面貌。其中，万象城城市综合体项目已进入中国内地 23 个城市，并已在深圳、杭州、沈阳、成都、南宁、郑州、赣州、沈阳、青岛、合肥先后开业。万象汇/五彩城项目已进入中国内地 17 个城市，北京、合肥、余姚五彩城已相继开业。首个 1234space 也于 2013 年在深圳开业。

华润置地深度挖掘品质需求，从客户起居行为出发，提供户型布局、人性化收纳设计、活动家具、变形家具、地下车库、大堂公共空间的增值服务，并对管家服务、园区服务、地下空间利用、可售商业增值服务、园林增值服务进行试点研发。

华润置地致力于通过内涵式的核心竞争力塑造和全国发展战略，持续提升地产价值链生产力，成为中国地产行业中最具竞争力和领导地位的公司。

（二）履责历程

表 8-5　履责历程

年份	履责历程
1994	华润创业入股北京市华远房地产股份有限公司，华润通过财务管控进入房地产行业
1996	改组为华润北京置地有限公司，并于当年 11 月在香港联合交易所上市；于 2001 年更名为华润置地有限公司
2008	2008 年初的雪灾和"5·12"四川地震，华润置地推出了"我们在一起，中国同此暖凉"和"我们在一起，中国无畏"的大型慈善公益活动。在奥运期间，华润置地又以"我们在一起，鼓舞中国"为主题开展了奥运公益主题活动
2011	2011 年 8 月，华润置地召开了首届年度供应商大会，会上颁布了《华润置地阳光宣言》，公开表示接受供应商监督，倡导供应商以阳光的合作理念进行合作
2012	成立华润置地基层员工关爱基金，为患重大疾病和家庭生活困难的基层员工提供帮扶和关爱
2013	发布《2012 年华润集团社会责任报告·重点企业》简版社会责任报告

续表

年份	履责历程
2014	首次独立发布《华润置地 2013 年社会责任报告》
	中国社科院发布《企业社会责任蓝皮书（2014）》，华润置地社会责任发展指数列房地产业第一名
2015	发布《华润置地 2014 年社会责任报告》主报告，及 11 份成员单位的分报告
	中国社科院发布《企业社会责任蓝皮书（2015）》，华润置地社会责任发展指数保持房地产业第一名

（三）责任报告

1. 报告概览

全面认识社会责任工作，系统梳理、检讨工作中存在的不足，华润置地一方面以编促管，通过报告编写改善、提升公司管理工作，促进业务工作做得更好；另一方面通过责任实践，使社会责任工作做得更系统、更深入，以更好展现企业公民形象。

2007 年，华润置地按照华润集团的整体部署，开展社会责任工作，并开始参与华润集团社会责任主报告的编写。2012 年，编写了社会责任简版报告，与华润集团旗下其他重点企业的简版报告一起汇编为《2011 年华润集团社会责任报告·重点企业》。2014 年，华润置地开始系统开展社会责任工作，并组织编写了首份独立社会责任报告。2015 年，华润置地深入推进社会责任工作，除发布华润置地社会责任主报告外，所属 11 个单位还发布了独立简版社会责任报告，如表 8-6 所示。

表 8-6　华润置地社会责任报告发布情况概览

年份	报告页数	报告语言	报告版本	参考标准
2013	82	中文	印刷/电子	国务院国资委《关于中央企业履行社会责任的指导意见》 国务院国资委《中央企业"十二五"和谐发展战略实施纲要》 《中国企业社会责任报告编写指南（CASS-CSR2.0）》 《华润企业公民建设指引》
2014	125	中文简体、中文繁体、英文	印刷/电子	国务院国资委《关于中央企业履行社会责任的指导意见》 国务院国资委《中央企业"十二五"和谐发展战略实施纲要》 《中国企业社会责任报告编写指南（CASS-CSR3.0）》 《华润企业公民建设指引》

2. 报告投入

华润置地社会责任报告以内部编制为主，同时邀请外部专家为报告编写提供意见和建议。

表 8-7 华润置地社会责任报告投入情况概览

年份	投入人员	投入时间	搜集素材
2013	21	2个月	实际使用：3.6万字、77张照片
2014	32	3个月	实际使用：3.0万字、85张照片

(四) 报告管理

1. 工作原则

华润置地按照"战略导向、文化牵引、品牌传播"的原则开展社会责任工作。

战略导向：在遵循华润集团社会责任中长期规划的基础上，在华润置地发展规划的指引下，制定公司的社会责任中长期规划。

文化牵引：在华润文化理念的牵引下，通过开展社会责任宣传培训，将社会责任理念融入公司日常经营中。

品牌传播：与公司品牌理念和品牌发展规划相融合，通过全面履行社会责任，对外传播公司的品牌和责任形象。

2. 组织

华润置地按照华润集团社会责任工作管理要求，结合行业特色、公司的实际情况和战略发展要求，建立社会责任组织体系。

（1）公司主要领导牵头，成立社会责任报告工作小组。公司成立华润置地社会责任报告编制领导小组，由华润置地主要领导担任组长，分管领导担任副组长，由总部各部门、各大区、各利润中心主管领导担任工作小组主要成员。

（2）邀请外部专家参与，给予专业指导。华润置地为加强各级经理人和员工对社会责任工作的认识，提升社会责任工作人员的管理能力，邀请专家到公司进行培训辅导。通过培训和辅导，总部各部门、所属各利润中心的社会责任工作人员更好地把握了 CSR 内涵，清晰工作思路，熟悉掌握社会责任管理的工具、方法，为有效开展社会责任工作奠定了良好的基础。

（3）总部部门全面参与，按专业分工协作编纂。编写工作由公司人事行政部负责牵头、统稿，各部门根据《华润置地 2014CSR 报告指标手册》及《华润置地2014 年社会责任报告版位表》联系各大区利润中心对口专业并撰写本部门工作相关内容。总部各部门、各利润中心编写分工明确、专业对口，确保素材涵盖全面。

将《华润置地 2014CSR 报告指标手册》及《华润置地 2014 年社会责任报告版位表》相结合，确保各项指标分解到部门的同时，各部门亦可了解报告全文架构及各部分的逻辑关系，更好地理解本部门所撰写部分在整个报告中的作用和地位。

（4）各部门指定专人负责素材搜集及编写。参与编写的各部门指定专人负责对接素材的搜集及材料的编写，统一素材输出口径。该批次人员也将作为未来几年公司社会责任报告编写组成员。

（5）管理层直接参与，推动编写。由公司副总裁主持，召开华润置地 2014 年社会责任报告编写启动会，各部门管理团队、参与编写人员全部出席会议。会议传达了集团和公司领导的要求，明确了报告写作的目的、意义、分工及原则。

（6）制定报告编写工作计划，明确工作时间节点。工作小组编制了报告编写总体规划及时间进度表，并通过《社会责任报告素材及文稿搜集联系人表》跟踪和记录参与编写人员的进度及成果提交的时间。

（7）为编写小组成员提供专业培训，保障撰写质量。为提升编写小组成员对社会责任报告的理解，公司邀请内外部专家就企业社会责任的内涵、企业社会责任报告的特点、主要内容及写作方式进行培训，编写小组共同加深报告编写人员对企业社会责任的理解。

（8）建立素材搜集审核与反馈机制。各部门提交的素材及文稿内容均通过部门领导审核。人事行政部作为统筹、组稿部门多次与编写人员反馈、核对及征求修改意见，确保各方面素材实事求是、表述准确。

（9）多方审核，并派专人跟进设计、校对。报告编写完成后，编写小组组织编写人员、第三方专家、其他员工对稿件进行审校，并报公司领导审核后定稿，确保报告能够及时、高质量的出版。

（10）通过内外不同渠道发布报告，提高关注度，加强宣传效果。公司将同期通过公司网站新闻、社会责任专栏公开发布，同时通过社会媒介新闻进行推广、宣传，并定向寄送纸本报告，以便更多的利益相关方和社会公众了解和监督报告内容。

3. 参与

华润置地积极加强与利益相关方的沟通，在多方平台下学习领先企业的优秀实践，传递华润置地的责任理念、实践和成效。不断拓展沟通渠道，提升沟通频率，丰富沟通内容，积极回应利益相关方诉求，如表8-8所示。

表8-8　利益相关方沟通和参与方式

利益相关方	责任要求	采取措施	沟通实践
政府	贯彻执行国家经济政策，落实政府管理要求，促进社会可持续发展	守法合规，诚信经营依法纳税，增加就业公平竞争，促进行业健康发展	参与政府相关会议参与政府项目，落实华润集团战略合作机制定期和专项汇报，完善报表和相关信息
股东	企业合法合规资产保值增值满意的投资回报率了解公司经营情况	完善公司管理体系，提高公司经营水平，防范经营风险，保障和提升股东权益	及时披露信息，加强投资者关系管理，业务部门日常沟通，专项汇总，公司年报，投资者会议
客户	严格遵照合同，杜绝虚假销售宣传提供优质产品，及时妥当处理客户合理诉求	保证产品品质，丰富服务种类，提升服务质量	客户满意度调查，客户服务热线，完善客户关系管理体系和客户意见搜集反馈机制
员工	保障员工权益实现员工发展关爱员工健康参与公司管理	维护员工合法权益，完善收入分配和福利保障机制，关注员工培训，改善工作条件，提供员工关爱基金，开展员工活动	定期和不定期征求员工意见，召开员工座谈会
供应商及合作伙伴	诚信合作，和谐平等，互利共赢，促进行业积极健康发展	公平阳光采购，打造责任供应链，参与行业组织，建立合作机制和伙伴关系	招投标大会，供应商大会，商业谈判，责任采购
科研院所、行业组织、媒体、社会团体	遵守行业规范，促进行业发展，提供政策建议	参与行业评优，对行业规范提出建议，完善新闻管理制度，及时准确披露相关信息	健全新闻发言人机制，优化舆情反馈机制
社区与环境	合理利用资源，保护生态环境，促进社区发展	实施节能减排措施，落实绿色施工、绿色建筑理念，开展社区活动	发布环保相关数据，开展社区沟通、共建活动，积极投身社区公益

4. 界定

（1）议题确定流程。

1）参考行业标准，结合自身特点，确定社会责任目标。

2）与利益相关方沟通，了解相关方的关切。

3）筛选并确定重大议题。

4）制定工作计划并遵照实施。

（2）社会责任核心议题。华润置地组织内部研讨会，对社会责任核心议题、主要利益相关方、社会责任指标体系等进行讨论和界定。各业务条线的负责人对与社会责任相关的指标进行讨论和对标，明确业务条线的社会责任开展方向，如

表 8-9 所示。

表 8-9　华润置地利益相关方及社会责任核心议题

重要利益相关方	实质性议题
股东	回报股东、投资者权益保护
客户	客户服务、产品质量
员工	基本权益保护、职业发展、健康与安全
合作伙伴	战略共享、供应链管理
政府	守法合规、政策响应
环境	绿色建筑、降污减排
社区	社区公益、志愿者服务

（3）社会责任模型。

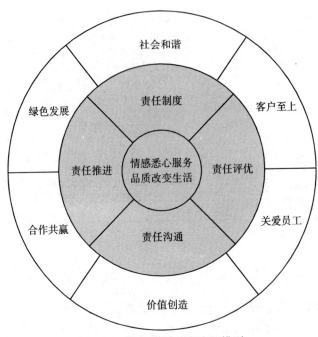

图 8-3　华润置地社会责任模型

5. 责任与管理融合

（1）客户关系管理。以客户至上为原则，严守商业道德，努力提供更优质、更环保、更人性化的产品和服务，悉心维护客户和消费者权益，不断超越用户的期望，如图 8-4 所示。

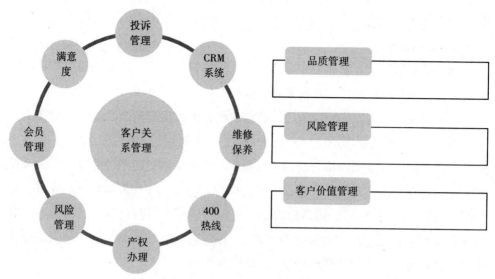

图 8-4　华润置地客户关系管理体系

（2）节能减排。2014 年，华润置地重点实施深圳万象城制冷系统一次冷冻泵变频改造、北京五彩城 8 部客梯变频改造等 4 项节能改造项目，改造费用 386 万元；不仅实现年节约标准煤约 283 吨、节水 4000 吨，还降低了运营成本，如图 8-5 所示。

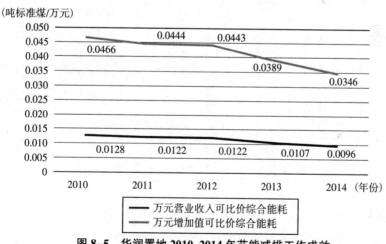

图 8-5　华润置地 2010~2014 年节能减排工作成效

（3）绿色建筑。从 2011 年 1 月至 2014 年底，华润置地共有 21 个项目获得绿色建筑认证证书，其中国家级绿色建筑三星项目 1 个，国家级绿色建筑二星项目 4 个，国家级绿色建筑一星项目 7 个，地方级绿色建筑一星项目 1 个，美国 LEED 金奖认证 8 个。

（4）保障房建设。为满足社会各层次人群的购房需求，向市场提供多层次的住宅产品，增加市场供给，华润置地响应政府号召，积极参与保障性住房建设。

（5）供应链采购。华润置地注重诚信建设，致力构建健康、透明的供应商合作体系。对内，将华润集团的《华润十戒》、《华润置地员工廉洁从业准则》作为经理人和员工的行为准则，结合公司规章制度、法律法规进行倡导和教育，要求经理人和员工在与供货商的合作过程中严格执行。对外，华润置地将《阳光宣言》、《廉洁协议》作为各项招标邀请的附件，在向供应商发出招标邀请时即传达华润置地的诚信建设思想，只有认同华润置地《阳光宣言》、《廉洁协议》的供应商才有资格进行投标，中标单位均须签订《廉洁协议》。

2014 年，华润置地上线 ERP 网上供货商门户，供货商通过网上报名注册，参加项目招投标。对供应商履约实行供货商名册管理制度，对合作供货商实行履约评价管理，确保高质量、高效率、低成本的战略管控目标，提高合作伙伴的稳定性，营造公平的供货商环境，控制履约风险，如图 8-6 所示。

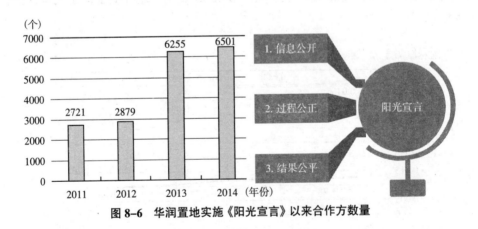

图 8-6　华润置地实施《阳光宣言》以来合作方数量

（6）慈善公益项目。公司在做好自身业务的同时，在扶贫济困、捐资助学、支持文化教育、义工活动等领域积极开展慈善公益活动。

慈善公益：自 2012 年成立基层员工关爱基金，每年支出 100 万元，至今已帮扶基层困难员工 300 多人。2014 年，公司开展各类慈善公益活动累计捐赠 724.7 万元。

义工组织活动：倡导员工参与社会义工活动，组织开展多种形式的帮扶社会弱势群体的活动。2015 年，华润置地在深圳市团市委义工联注册成立义工组织，并与深圳市慈善公益机构联合开展多种义工活动。

参与新农村建设：华润置地在华润慈善基金会的统筹下，积极参与新农村建设，全面承担了广西百色、河北西柏坡、湖南韶山、海南万宁、北京密云、福建古田、贵州遵义、安徽金寨 8 个希望小镇的非盈利施工工作，并派出志愿者全程参与小镇筹建。

6. 总结培训

始于报告，但不止于报告。华润置地在发布社会责任报告后，及时组织所属 11 家利润中心社会责任工作编制组成员在京召开内部工作总结研讨会，分享总部及各利润中心编制报告的经验，并就下一步社会责任工作的开展进行研讨，形成总结报告。

华润置地公司组织所有编制组成员参与外部的专业培训，进一步巩固、提升工作人员的能力，开阔其视野。在编制完社会责任报告后，公司组织所属 11 家利润中心编写小组成员参加中国社会科学院的公益讲堂。

（五）评级报告

《华润置地有限公司 2014 年社会责任报告》评级报告

中国社会科学院经济学部企业社会责任研究中心（以下简称"中心"）受华润置地有限公司委托，从"中国企业社会责任报告评级专家委员会"中抽选专家组成评级小组，对《华润置地有限公司 2014 年社会责任报告》（以下简称《报告》）进行评级。

一、评级依据

《中国企业社会责任报告编写指南（CASS-CSR 3.0)》暨《中国企业社会责任报告评级标准（2014)》。

二、评级过程

1. 过程性评估小组访谈华润置地有限公司社会责任相关部门成员；

2. 过程性评估小组现场审查华润置地有限公司社会责任报告编写过程相关资料；

3. 评级小组对社会责任报告的管理过程及《报告》的披露内容进行评价。

三、评级结论

过程性（★★★★）

公司人事行政部牵头成立报告编写组，高层领导负责报告审定；通过专家研讨、部门访谈等方式收集相关方意见；根据专家意见、行业对标分析等对实质性议题进行界定；推动附属 9 个大区、2 个事业部发布社会责任报告；计划在公司重大活动中发布报告，并将以印刷品、电子版、多语种版本等形式呈现报告，具有优秀的过程性表现。

实质性（★★★★☆）

《报告》系统披露了"确保房屋住宅质量"、"合规拆迁与老城区保护"、"新建项目环评"、"供应链管理"、"噪音污染控制"、"绿色建筑"等房地产开发业关键性议题，叙述较详细充分，具有领先的实质性。

完整性（★★★★）

《报告》从"责任管理"、"公司治理"、"公平运营"、"质量保障"、"劳工实践"、"环境保护"、"社区参与"等角度披露了房地产开发业核心指标的 76.0%，完整性表现优秀。

平衡性（★★★★★）

《报告》披露了"千人死亡率"、"百万平方米房屋建筑死亡率"、"职业病发生数"等负面数据信息，并以案例形式，对哈尔滨欢乐颂客户投诉事件、海南石梅湾垃圾场事件的原因、经过和处理措施进行了详细阐述，平衡性表现卓越。

可比性（★★★★★）

《报告》披露了 30 余个关键绩效指标连续 3 年的历史数据，并就"满意度"、"忠诚度"等数据进行了横向比较，可比性表现卓越。

可读性（★★★★☆）

《报告》逻辑清楚，语言流畅，案例生动；图片、表格等形式丰富，与文字叙述相得益彰；封面使用水墨画风格设计，淡雅别致，具有领先的可读性表现。

创新性（★★★★☆）

《报告》设置责任专题，突出"情感悉心服务　品质改变生活"的责任主题；采用中英文语言形式，满足不同相关方阅读需求，创新性表现领先。

综合评级（★★★★☆）

经评级小组评价，《华润置地有限公司 2014 年社会责任报告》为四星半级，是一份领先的企业社会责任报告。

四、改进建议

1. 加强对实质性议题的管理，提高报告过程性。

2. 增加行业核心指标的披露，进一步提高报告完整性。

评级小组

组长：中国社科院经济学部企业社会责任研究中心主任　钟宏武

成员：清华大学创新与社会责任研究中心主任　邓国胜

上海证券交易所总监助理　杨金忠

中心过程性评估员　王梦娟　王　宁

评级专家委员会主席　　　　　　　　评级小组组长

中心常务副理事长　　　　　　　　　中心主任

附　录

一、参编机构

（一）中国社会科学院经济学部企业社会责任研究中心

中国社会科学院经济学部企业社会责任研究中心（以下简称"中心"）成立于 2008 年 2 月，是中国社会科学院主管的非营利性学术研究机构。中国社会科学院副院长、经济学部主任李扬研究员任中心理事长，中国社会科学院工业经济研究所所长黄群慧研究员任中心常务副理事长，中国社会科学院社会发展战略研究院钟宏武副研究员任主任。中国社会科学院、国务院国有资产监督管理委员会、人力资源和社会保障部、中国企业联合会、人民大学、国内外大型企业的数十位专家、学者担任中心理事。

中心以"中国特色、世界一流社会责任智库"为目标，积极践行研究者、推进者和观察者的责任。

（1）研究者：负责中国企业社会责任问题的系统理论研究，研发颁布《中国企业社会责任报告编写指南（CASS–CSR1.0/2.0/3.0)》，组织出版《中国企业社会责任》文库，促进中国特色的企业社会责任理论体系的形成和发展。

（2）推进者：为政府部门、社会团体和企业等各类组织提供咨询和建议；成立"中国企业社会责任研究基地"；主办"分享责任——中国企业社会责任公益讲堂"；主办"分享责任——中国行"社会责任调研活动；开设中国社科院研究生院 MBA《企业社会责任》必修课，开展数百次社会责任培训，传播社会责任理论知识与实践经验；组织、参加各种企业社会责任研讨交流活动，分享企业社会责任研究成果。

（3）观察者：出版《企业社会责任蓝皮书（2009/2010/2011/2012/2013/2014/2015)》，跟踪记录上一年度中国企业社会责任理论和实践的最新进展；出版《企业公益蓝皮书（2014/2015)》，研究记录我国企业公益实践的发展；每年发布《中国企业社会责任报告白皮书（2011/2012/2013/2014)》，研究记录我国企业社会责任报告发展的阶段性特征；制定、发布、推动《中国企业社会责任报告评级》，为150 余份社会责任报告提供评级服务；主办"责任云"（www.zerenyun.com）平台以及相关技术应用。

中国社科院经济学部企业社会责任研究中心
2015 年 11 月

网站：www.cass-csr.org
微博：http://weibo.com/casscsr
微信公众账号：CSRCloud（责任云）
E-mail：csr@cass-csr.org

关注中国企业社会责任最新进展

责任云 CSRCloud

研究业绩

课题

[1] 国务院国资委：《海外中资企业社会责任研究》，2014~2015 年。

[2] 工信部：《"十二五"工业信息企业社会责任评估》，2014~2015 年。

[3] 国家食药监局：《食品药品安全事件沟通机制研究》，2014~2015 年。

[4] 中国保监会：《中国保险业社会责任白皮书》，2014~2015 年。

[5] 国土资源部：《矿山企业社会责任评价指标体系研究》，2014 年。

[6] 国务院国资委：《中央企业社会责任优秀案例研究》，2014 年。

[7] 全国工商联：《中国民营企业社会责任研究报告》，2014 年。

[8] 陕西省政府：《陕西省企业社会责任研究报告》，2014 年。

[9] 国土资源部：《矿业企业社会责任报告制度研究》，2013 年。

[10] 国务院国资委：《中央企业社会责任优秀案例研究》，2013 年。

[11] 中国扶贫基金会：《中资海外企业社会责任研究》，2012~2013 年。

[12] 北京市国资委：《北京市属国有企业社会责任研究》，2012 年 5~12 月。

[13] 国资委研究局、中国社科院经济学部企业社会责任研究中心：《企业社会责任推进机制研究》，2010 年 1~12 月。

[14] 国家科技支撑计划课题：《社会责任国际标准风险控制及企业社会责任评价技术研究》之子任务，2010 年 1~12 月。

[15] 深交所、中国社科院经济学部企业社会责任研究中心：《上市公司社会责任信息披露》，2009 年 3~12 月。

[16] 中国工业经济联合会、中国社科院经济学部企业社会责任研究中心：工信部制定《推进企业社会责任建设指导意见》前期研究成果，2009 年 10~12 月。

[17] 中国社科院交办课题：《灾后重建与企业社会责任》，2008 年 8 月至 2009 年 8 月。

[18] 中国社会科学院课题：《海外中资企业社会责任研究》，2007 年 6 月至 2008 年 6 月。

[19] 国资委课题：《中央企业社会责任理论研究》，2007 年 4~8 月。

专著

[20] 黄群慧、彭华岗、钟宏武、张蒽：《企业社会责任蓝皮书（2014）》，社

会科学文献出版社 2014 年版。

[21] 钟宏武、魏紫川、张蒽、翟利峰等：《中国企业社会责任报告白皮书 (2014)》，经济管理出版社 2014 年版。

[22] 孙孝文、张闽湘、王爱强、解一路：《中国企业社会责任报告编写指南 (CASS-CSR3.0) 之家电制造业》，经济管理出版社 2014 年版。

[23] 孙孝文、吴扬、王娅郦、王宁：《中国企业社会责任报告编写指南 (CASS-CSR3.0) 之建筑业》，经济管理出版社 2014 年版。

[24] 孙孝文、文雪莲、周亚楠、张伟：《中国企业社会责任报告编写指南 (CASS-CSR3.0) 之电信服务业》，经济管理出版社 2014 年版。

[25] 孙孝文、汪波、刘鸿玉、王娅郦、叶云：《中国企业社会责任报告编写指南 (CASS-CSR3.0) 之汽车制造业》，经济管理出版社 2014 年版。

[26] 孙孝文、陈龙、王彬、彭雪：《中国企业社会责任报告编写指南 (CASS-CSR3.0) 之煤炭采选业》，经济管理出版社 2014 年版。

[27] 彭华岗、钟宏武、孙孝文、张蒽：《中国企业社会责任报告编写指南 (CASS-CSR3.0)》，经济管理出版社 2014 年版。

[28] 孙孝文、李晓峰、张蒽、朱念锐：《中国企业社会责任报告编写指南 (CASS-CSR3.0) 之一般采矿业》，经济管理出版社 2014 年版。

[29] 张蒽、钟宏武、魏秀丽、陈力等：《中国企业社会责任案例》，经济管理出版社 2014 年版。

[30] 钟宏武、张蒽、魏秀丽：《中国国际社会责任与中资企业角色》，中国社会科学出版社 2013 年版。

[31] 彭华岗、钟宏武、张蒽、孙孝文等：《企业社会责任基础教材》，经济管理出版社 2013 年版。

[32] 姜天波、钟宏武、张蒽、许英杰：《中国可持续消费研究报告》，经济管理出版社 2013 年版。

[33] 陈佳贵、黄群慧、彭华岗、钟宏武：《企业社会责任蓝皮书 (2012)》，社会科学文献出版社 2012 年版。

[34] 钟宏武、魏紫川、张蒽、孙孝文等：《中国企业社会责任报告白皮书 (2012)》，经济管理出版社 2012 年版。

[35] 陈佳贵、黄群慧、彭华岗、钟宏武：《企业社会责任蓝皮书 (2011)》，

社会科学文献出版社 2011 年版。

[36] 彭华岗、钟宏武、张蒽、孙孝文：《中国企业社会责任报告编写指南（CASS-CSR2.0）》，经济管理出版社 2011 年版。

[37] 钟宏武、张蒽、翟利峰：《中国企业社会责任报告白皮书（2011）》，经济管理出版社 2011 年版。

[38] 彭华岗、楚旭平、钟宏武、张蒽：《企业社会责任管理体系研究》，经济管理出版社 2011 年版。

[39] 彭华岗、钟宏武：《分享责任——中国社会科学院研究生院 MBA "企业社会责任"必修课讲义集（2010）》，经济管理出版社 2011 年版。

[40] 陈佳贵、黄群慧、彭华岗、钟宏武：《企业社会责任蓝皮书（2010）》，社会科学文献出版社 2010 年版。

[41] 钟宏武、张唐槟、田瑾、李玉华：《政府与企业社会责任》，经济管理出版社 2010 年版。

[42] 陈佳贵、黄群慧、彭华岗、钟宏武：《企业社会责任蓝皮书（2009）》，社会科学文献出版社 2009 年版。

[43] 钟宏武、孙孝文、张蒽：《中国企业社会责任报告编写指南（CASS-CSR1.0）》，经济管理出版社 2009 年版。

[44] 钟宏武、张蒽、张唐槟、孙孝文：《中国企业社会责任发展指数报告（2009）》，经济管理出版社 2009 年版。

[45] 钟宏武：《慈善捐赠与企业绩效》，经济管理出版社 2007 年版。

（二）中国海外发展有限公司

中海地产是中国建筑股份有限公司房地产业务的旗舰，1979 年成立于香港，并于 1992 年在香港联交所上市（中国海外发展有限公司，00688.HK，简称"中国海外"或"公司"）。2007 年，中国海外入选香港恒生指数成份股。2010~2015 年，连续 6 年获选"恒生可持续发展企业指数"。房地产开发是公司的核心业务，历经 30 余年的发展，成功打造了中国房地产行业领导公司品牌"中海地产"。

中海地产已形成以港澳地区、长三角、珠三角、环渤海、东北、中西部为重点区域的全国性均衡布局，业务遍布中国港澳、英国伦敦及中国内地 50 余个经济活跃城市，为逾百万客户提供了数十万套中高端精品物业。截至 2014 年底，公司总资产达 3509 亿港元，净资产达 1333 亿港元。2015 年 1~6 月，实现房地产合约销售额 854.5 亿港元，净利润 163.2 亿港元，经营效益持续领先。截至 2015 年 6 月底，公司拥有土地储备面积 4409 万平方米。

中海地产自成立以来，一直致力于专业化与规模化的发展，以房地产的开发与经营为核心业务，还涉及与地产有关的物业投资、物业管理及建筑设计业务。顺应社区 O2O 的蓬勃发展，2015 年 10 月，中海物业分拆并成功上市。

（三）华润置地有限公司

华润置地有限公司（HK1109）是华润集团旗下的房地产业务旗舰，中国内地最具实力的综合型房地产发展商之一，1996 年在香港上市，从 2010 年 3 月 8 日起，香港恒生指数有限公司把华润置地纳入恒生指数成份股，成为香港蓝筹股之一。

华润置地以"品质给城市更多改变"为品牌理念，致力于达到行业领先水准，致力于在产品和服务上超越客户预期，为客户带来生活方式的改变。华润置地坚持"住宅开发＋投资物业＋增值服务"的商业模式。住宅开发方面，已形成八大产品线：万象高端系列、城市高端系列、郊区高端系列、城市品质系列、城郊品质系列、城市改善系列、郊区改善系列、旅游度假系列。投资物业发展了万象城城市综合体、区域商业中心万象汇/五彩城和体验式时尚潮人生活馆 1234space 三种模式，在引领城市生活方式改变的同时，带动城市经济的发展，改善城市面貌。其中，万象城城市综合体项目已进入中国内地 23 个城市，并已在深圳、杭州、沈阳、成都、南宁、郑州、赣州、沈阳、青岛、合肥先后开业。万象汇/五彩城项目已进入中国内地 17 个城市，北京、合肥、余姚五彩城已相继开业。首个 1234space 也于 2013 年在深圳开业。

华润置地深度挖掘品质需求，从客户起居行为出发，提供户型布局、人性化收纳设计、活动家具、变形家具、地下车库、大堂公共空间的增值服务，并对管家服务、园区服务、地下空间利用、可售商业增值服务、园林增值服务进行试点研发。

华润置地致力于通过内涵式的核心竞争力塑造和全国发展战略，持续提升地产价值链生产力，成为中国地产行业中最具竞争力和领导地位的公司。

二、授权推广应用机构

中星责任云（北京）管理顾问有限公司

中星责任云（CSRCloud）是一家中国企业社会责任及公益领域的权威研究咨询机构，公司以"专业创新和大数据促进社会的可持续发展"为使命，秉持"客户第一、专业敬业、团队合作、创新开放"的价值观，与中国社科院、清华大学、北京大学、中国人民大学等科研院所，中国企业联合会、中国电力企业联合会等行业协会，新华网、人民网等主流媒体建立了长期合作关系，服务对象涵盖国家部委、国内外大型企业和非营利组织。

我们的团队：

公司拥有最早一批从事中国企业社会责任研究咨询团队，从业经验丰富，为不同类型企业长期提供社会责任相关咨询服务；同时，公司整合多家国内一流社会责任研究机构，建立了多层次的外部社会责任专家库；目前，公司下设研究部、咨询部、评价部、宣传部以及独立的文化传播公司。

我们的服务：

——学术研究：

● 承接国家部委学术课题；

● 开展社会责任标准研究；

● 追踪社会责任前沿课题；

——报告咨询：

● 社会责任战略与管理体系建设；

● 企业公益战略及管理体系建设；

- 社会责任报告、公益报告咨询；
- 社会责任品牌、公益品牌咨询；
- 社会责任能力、公益项目评估；

——活动策划：

- 企业社会责任定制培训；
- 组织利益相关方交流会；
- 企业社会责任论坛策划；
- 企业社会责任专题展览；

——宣传设计：

- 社会责任报告设计、印刷；
- 公益慈善报告设计、印刷；
- 社会责任微信版（H5）设计；
- 社会责任会议论坛布展、背景板等。

我们的客户：

中国石化、中国民生银行、中国三星等 50 余家国内外大型企业

我们的品牌：

分享责任系列；责任云微信号（CSRCloud）；

联系我们：

公司地址：北京市东城区建国门内大街 18 号恒基中心办公楼二座 518 室

王娅郦，wangyl@cass-csr.org，13366005048

一站式社会责任综合服务平台

三、参考文献

（一）国际社会责任标准与指南

［1］国际标准化组织（ISO）：《社会责任指南：ISO26000》，2010年。

［2］全球报告倡议组织（Global Reporting Initiative，GRI）：《可持续发展报告指南（G4)》，2013年。

［3］联合国全球契约组织：《全球契约十项原则》。

［4］国际审计与鉴证准则委员会：ISAE3000。

［5］Accountability：AA1000原则标准（AA1000APS）、AA1000审验标准（AA1000AS）和AA1000利益相关方参与标准（AA1000SES）。

［6］国际综合报告委员会（IIRC）：整合报告框架（2013)。

（二）国家法律法规及政策文件

［7］《中华人民共和国宪法》及各修正案。

［8］《中华人民共和国公司法》。

［9］《中华人民共和国劳动法》。

［10］《中华人民共和国劳动合同法》。

［11］《中华人民共和国就业促进法》。

［12］《中华人民共和国社会保险法》。

［13］《中华人民共和国工会法》。

［14］《中华人民共和国妇女权益保障法》。

［15］《中华人民共和国未成年人保护法》。

［16］《中华人民共和国残疾人保障法》。

［17］《中华人民共和国安全生产法》。

［18］《中华人民共和国职业病防治法》。

［19］《中华人民共和国劳动争议调解仲裁法》。

[20]《中华人民共和国环境保护法》。

[21]《中华人民共和国水污染防治法》。

[22]《中华人民共和国大气污染防治法》。

[23]《中华人民共和国固体废物污染环境防治法》。

[24]《中华人民共和国环境噪声污染防治法》。

[25]《中华人民共和国水土保持法》。

[26]《中华人民共和国环境影响评价法》。

[27]《中华人民共和国清洁生产促进法》。

[28]《中华人民共和国节约能源法》。

[29]《中华人民共和国可再生能源法》。

[30]《中华人民共和国循环经济促进法》。

[31]《中华人民共和国产品质量法》。

[32]《中华人民共和国消费者权益保护法》。

[33]《中华人民共和国反不正当竞争法》。

[34]《中华人民共和国科学技术进步法》。

[35]《中华人民共和国反垄断法》。

[36]《中华人民共和国专利法》。

[37]《中华人民共和国商标法》。

[38]《集体合同规定》。

[39]《禁止使用童工规定》。

[40]《未成年工特殊保护规定》。

[41]《女职工劳动保护特别规定》。

[42]《残疾人就业条例》。

[43]《关于企业实行不定时工作制和综合计算工时工作制的审批方法》。

[44]《全国年节及纪念日放假办法》。

[45]《国务院关于职工工作时间的规定》。

[46]《最低工资规定》。

[47]《生产安全事故报告和调查处理条例》。

[48]《工伤保险条例》。

[49]《再生资源回收管理办法》。

[50]《消耗臭氧层物质管理条例》。

[51]《关于禁止商业贿赂行为的暂行规定》。

[52]《中央企业履行社会责任的指导意见》。

[53]《中央企业"十二五"和谐发展战略实施纲要》。

[54]《上海证券交易所上市公司环境信息披露指引》。

[55]《深圳证券交易所上市公司社会责任指引》。

[56]《中共中央关于全面深化改革若干重大问题的决定》。

(三) 社会责任研究文件

[57] 中国社会科学院经济学部企业社会责任研究中心：《中国企业社会责任报告编写指南 (CASS-CSR3.0)》，2014 年。

[58] 中国社会科学院经济学部企业社会责任研究中心：《中国企业社会责任报告评级标准 (2013)》，2013 年。

[59] 中国社会科学院经济学部企业社会责任研究中心：《中国企业社会责任研究报告 (2009/2010/2011/2012/2013/2014/2015)》，社会科学文献出版社。

[60] 中国社会科学院经济学部企业社会责任研究中心：《中国企业社会责任报告白皮书 (2011/2012/2013/2014/2015)》，经济管理出版社。

[61] 中国社会科学院经济学部企业社会责任研究中心：《企业社会责任基础教材》，经济管理出版社 2013 年版。

[62] 彭华岗等：《企业社会责任管理体系研究》，经济管理出版社 2011 年版。

[63] 国家电网公司《企业社会责任指标体系研究》课题组：《企业社会责任指标体系研究》，2009 年 3 月。

[64] 殷格非、李伟阳：《如何编制企业社会责任报告》，2008 年。

[65] 李伟阳、肖红军、邓若娟：《企业社会责任管理模型》，2012 年。

[66] 全哲洙：《中国民营企业社会责任研究报告》，2014 年。

(四) 企业社会责任报告

[67]《大英地产企业责任报告 (2011~2015)》。

[68]《凯德集团全球可持续发展报告 (2009~2014)》。

[69]《FDR 公司可持续发展报告 (2010~2014)》。

[70]《吉宝置业可持续发展报告（2008~2014）》。

[71]《GPT 集团可持续发展报告（2010~2014）》。

[72]《华润置地社会责任报告（2013~2014）》。

[73]《招商地产企业社会责任报告（2008~2014）》。

[74]《中粮地产（集团）股份有限公司社会责任报告（2008~2014）》。

[75]《中国海外发展有限公司社会责任报告（2012~2014）》。

[76]《中国建筑股份有限公司可持续发展报告（2014）》。

[77]《华润（集团）有限公司社会责任报告（2014）》。

[78]《万科企业股份有限公司企业社会责任报告（2007~2014）》。

[79]《保利房地产（集团）股份有限公司社会责任报告（2011~2014）》。

[80]《远洋地产控股有限公司企业社会责任报告（2010~2014）》。

[81]《恒大地产集团有限公司企业公民报告（2011~2014）》。

后　记

2009 年 12 月，中国第一份企业社会责任报告编写指南——《中国企业社会责任报告编写指南（CASS 原 CSR1.0）》（简称《指南 1.0》）发布。为了增强《指南 1.0》的国际性、行业性和工具性，2010 年 9 月，《指南 1.0》修订工作正式启动，扩充行业、优化指标、更新案例。2011 年 3 月，《中国企业社会责任报告编写指南（CASS 原 CSR2.0）》（简称 《指南 2.0》） 发布。《指南 2.0》获得了企业广泛的应用，参考《指南 2.0》编写社会责任报告的企业数量由 2011 年的 60 家上升到 2015 年的 263 家。

为了进一步提升《指南 2.0》的国际性、实用性，引导我国企业社会责任从"报告内容"向"报告管理"转变，2012 年 3 月 31 日，《指南 3.0》编制启动会在北京召开，来自政府、企业、NGO、科研单位等机构的约 100 名代表出席了本次启动大会。为广泛征求《指南 2.0》使用者意见，中心向 100 家企业发放了调研问卷，并实地走访、调研 30 余家中外企业，启动了分行业指南编制工作。

作为第一本房地产业企业社会责任报告编写指南——《中国企业社会责任报告编写指南 3.0 之房地产行业》的编制时间为 2015 年 7 月至 2015 年 12 月。期间，编写组赴中国海外发展有限公司实地调研。本书是集体智慧的结晶，全书由王宁、党思、赵思琪、周涛、程向雷共同撰写。中国海外集团董事、助理总经理、总经办总经理刘为民，中国海外集团有限公司总经办助理总经理南江，中国海外发展有限公司副总裁董大平，中国海外集团董事、企业传讯部总经理杨海松，中国海外发展有限公司企业传讯部副总经理周涛，中国海外发展有限公司企业传讯部业务经理高浩，华润（集团）有限公司董事会办公室助理总监朱虹波，华润置地有限公司副总裁孙永强，华润置地有限公司人事行政部副总经理王贺，华润置地有限公司人事行政部企业传讯副总监程向雷，中国建筑股份有限公司企业文化部高级经理吴扬同志对本书的编写提出了针对性的意见和建议；中国建筑股份有限公司企业文化部高级经理吴扬、华润置地有限公司人事行政部企业传讯副总监程向雷等为编写组实地调研提供了大力支持，为编写组深入了解房地产业提供了诸多帮助，华润置地有限公司人事行政部企业传讯副总监程向雷、中国海外发展有限公司企业传讯部业务经理高浩为第八章案例写作提供了材料支持；在资料整理过程中，王宁、党思、赵思琪等同志做出了诸多贡献。全书由钟宏武审阅、修改和定稿。

《中国企业社会责任报告编写指南》系列将不断修订、完善，希望各行各业的专家学者、读者朋友不吝赐教，共同推动我国企业社会责任更好更快的发展。

编委会

2015 年 11 月